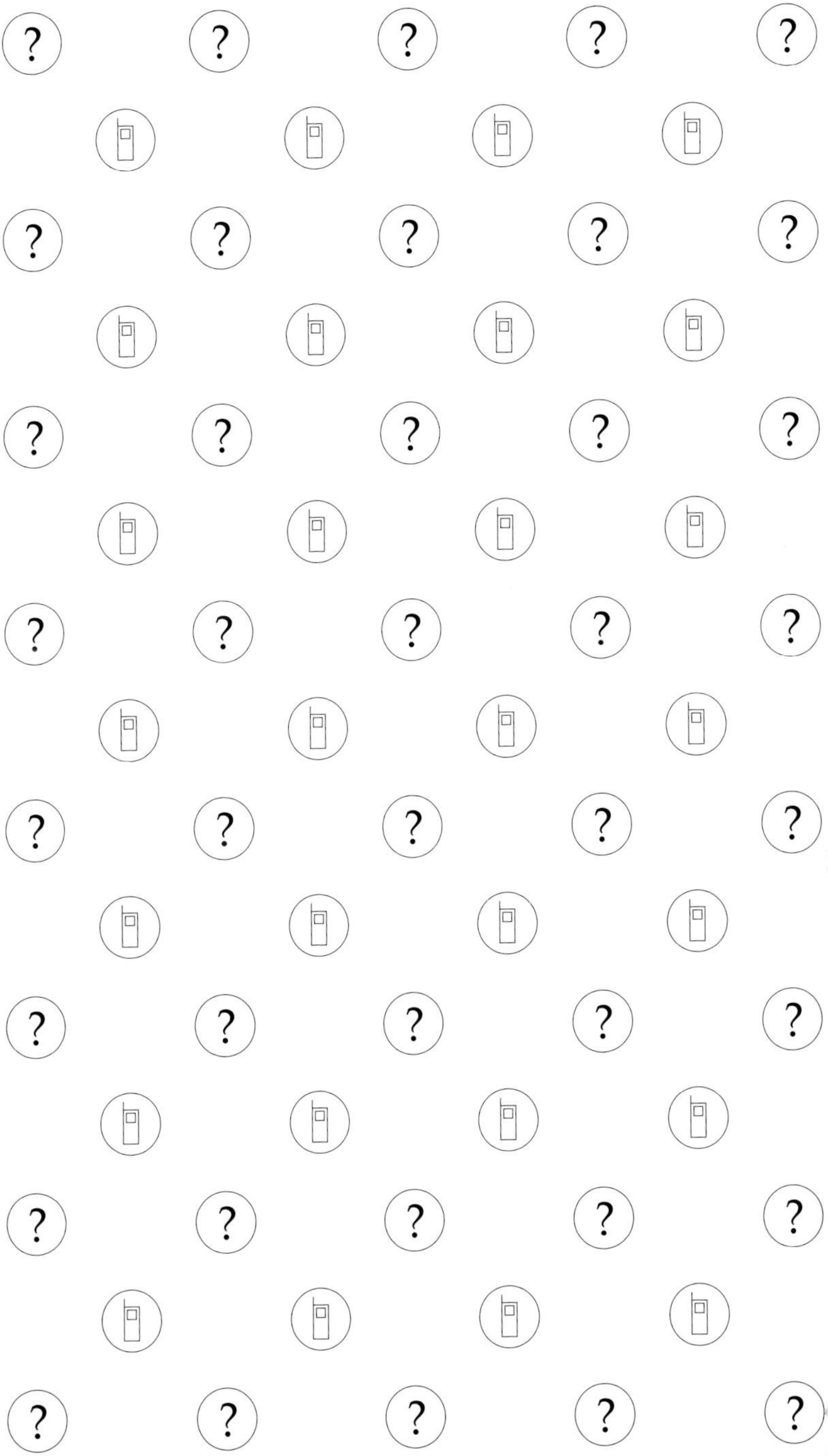

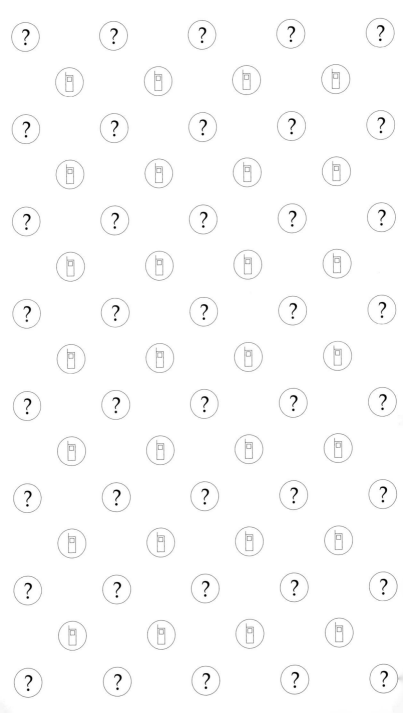

娘と話す

メディアってなに？ 改訂新版

山中速人 著

現代企画室

娘と話す　メディアってなに？

プロローグ
ナニ、市民ラジオとその仲間たちに出会う

ジェット機がホノルル空港を飛び立つとき、ナニは思わず涙が頬をつたわって、大切にしているメリーモナーク・フラフェスティバル*のTシャツの胸をポタポタとぬらしているのを感じていた。
　ナニという名前は、ハワイ語で「美しい」という意味。なにごとにも凝り性なお父さんが付けてくれた。ナニは、日本人の両親がハワイで暮らしているときに生まれた女の子。だから、日本とアメリカの二つの国籍をもっている。生まれてすぐに日本に帰り、日本で暮らしていた。でも、中学生のとき不登校になって、お父さんのツテを頼って、一三歳で単身ハワイに留学した。それから五年がたった。思えば、毎日が新しい出来事の連続だった。違った文化をもついろいろな民族が肩を寄せ合って暮らすハワイでの生活。苦労も多かったけれど、日本では得られないような経験もいっぱいした。（これについては、『娘と映画をみて話す 民族問題ってなに？』*をぜひ読んでくださいね。）そして、晴れてハイスクールを卒業して日本に帰る。たくさんの思い出がいっぱい詰まったこの街を離れる瞬間なのだ。これ

メリーモナーク・フラフェスティバル（Merrie Monarch Hula Festival）ハワイ先住民族文化の復興をめざして、一九六三年以来、毎年春先にハワイ島のヒロ市で開催される世界最大のフラ・フェスティバル。

『娘と映画をみて話す 民族問題ってなに？』 拙著、二〇〇七年、現代企画室。

に涙しないなんて人間じゃないって、ナニは思った。
ハワイでは、昔、出航する船のデッキからレイを海に投げると、ふたたびハワイに帰って来られるというジンクスがあった。でも、ジェット機の場合はどうすればいいの？　そこでナニは、ロコ*らしいグランドクルー*を見つけて、見送りの友だちからもらったレイを「ビーチから海に流して。ね、お願い！」って、すがるように手渡した。そのグランドクルーも、最初はびっくりしてたけれど、事態がのみこめると、ウインクして「sure!」って受け取ってくれた。こうして、ナニは八時間のフライトの末、日本に帰ってきた。

◆

日本では大学生活が待っていた。帰国した年のつぎの春から、ふたたび親元を離れて下宿生活。でも、それはもう平気。ナニの通う大学がある都市は、ホノルルに似て、国際的な貿易港をかかえて発展してきた。そんな多文化で開放的な都市の性格を反映してか、自由で格式ばらない校風をもつこの大学では、一年生か

ロコ
ローカル（local）のハワイ方言でハワイ地元出身者の意味。

グランドクルー
（grand clue）
空港地上職員。

ら教授を囲んだ少人数のゼミに参加することができる。ナニは、ゼミの選択にあたって、映画狂だといううわさがある教授のゼミを選んだ。ナニも映画が大好き。きっと気が合うし、楽しいに違いないと直感したからだ。

四月になってゼミが始まると、恒例のコンパがやってきた。そこで、ナニは、さっそくクムフラ*直伝のフラをご披露しちゃった。ところが、それを観ていた教授が、意外にもこう言ったのだ。

「素敵なフラだねぇ。あのね、ぼくの古い友人にも、ハワイに留学した映画狂の教授がいるんだよ。そいつがさぁ、偶然にもナニさんと同じ姓なんだよ。」

教授は、そう言って、その友人の名前を告げた。それを聞いて、ナニは超びっくりした。

「ええー！　それってお父さんじゃない！」

教授もゼミ生が旧友の娘だと知って大びっくり。そして、子どものいない教授夫婦は、ナニを自分たちの娘みたいに感じて、いろいろと世話や助言をしてくれ

クムフラ
(kumu hula)
フラの舞踏グループ（hula halau）を率いる師匠。

るようになった。お父さんに遠隔監視されているみたいで、うっとうしい気分もないわけじゃなかったけれど、ナニも、この開かれた港町での新しい人間関係が、まんざら嫌でもなかった。
「ま、ホストペアレンツ*ってとこかな。」とナニは、思うことにした。

◆

さて、そんなキャンパス生活が順調にすべり出していたある日、教授の研究室をたずねたナニに、教授はこんな提案をしたのだった。
「この町に、カモメＦＭという小さなラジオ局があってね。ぼくは、そこで映画評の番組を担当しているんだ。それで先日、局に行ったら、プロデューサ*から、『今、若者向けの番組作りに参加する学生スタッフを募集しているんですけれど、いい学生さんを紹介してくださいませんか』って聞かれたんだ。そのとき、瞬間的にナニさんの顔を思い出した。で、二つ返事で、ぴったりの学生がいるって答えちゃった。でね、ナニさん。ぼくも手伝うから、この番組企画にぜひ参加してみない？」

ホストペアレンツ
(host parents)
下宿生を引き受ける里親。

プロデューサ
一般的に、放送番組の総責任者として、企画、予算、制作など全行程の責任を負う役職。

教授の話では、この若者向けの番組というのは、メディアについてのシリーズ番組らしかった。テレビやインターネットなどあらゆるメディアに取り囲まれて生活している現代の若者にとっては、まるで空気のような存在でもあるメディアについて、あらためて歴史的にどう発達してきたのか、そして、現代の生活の中でどんな役割を果たし、どんな問題を抱えているか、根本のところから考え直そうという趣旨で企画されたのだった。

「とにかく、一度、このFM放送局を訪ねて、プロデューサのヤンさんに会ってみてごらん。きっと、興味がわいてくるから。」

そう教授にすすめられて、ナニは、深く考える間もなく、そのラジオ番組に参加することになってしまった。ナニらしい、いつものパターン。手と足が頭より先に動いてしまう。

「ま、いいか。」

ナニは自分にそう言い聞かせて、このラジオ番組作りにかかわることになった。

◆

カモメFMの放送局は、港へと続く長い坂を逆方向に登りつめたところにあった。この坂はかつて「移民坂」と呼ばれた。この坂を下って、昔、たくさんの海外移住者*たちがハワイや南米に船出していったという。その移住者たちが、出航までの期間、暮らしたというホテルを改築した、古風で趣のある建物にその放送局は入っていた。局の玄関からは、港とその後ろに広がる海が、初夏の日射しにきらきらと輝いているのが見えた。

ナニがおそるおそるカモメFMの玄関のドアを開けると、フロアの一部を防音ガラスで仕切った小さなスタジオが目に飛び込んできた。スタジオの中では、パーソナリティ*らしい女性が、ヘッドフォンを耳にかけ、マイクに向かっておしゃべりを続けていた。スタジオには、この女性一人だけしかいなかった。驚いたことに、この女性は、みずからミキサー*らしい機械も操作していた。何もかも一人で放送番組を進行しているのだった。

海外移住者
一八六八年のハワイ移民を皮切りに、海外に仕事や農地を求めて移住していった日本人たち。戦前はアメリカ、戦後は中南米諸国への多数の移住が行われた。

パーソナリティ
本来の personality は人格を指す心理学用語であるが、放送用語では、ラジオのトーク番組の司会者のこと。

ミキサー
（mixer）
放送や録音スタジオなどで、異なった複数の音響信号のレベルや音質を調整し、混合するために使用する機械。

ナニは、放送局というからには、ものものしく厳重に警備されているビルディングや、たくさんのスタッフであふれかえるスタジオを想像していた。ところが、このあまりにシンプルで、また、あっけらかんとしたスタジオ。ナニは、想像とあまりにかけ離れているのにびっくりしてしまった。

午後一時三十分。ちょうどお昼の放送が終わったところで、この女性がスタジオからでてきた。そして、ナニの姿を見つけて、声を掛けてきた。

「あなたがナニさん？　教授から聞いてるわよ。今度の番組を手伝ってくれるんだってね。はじめまして、わたしはこのカモメFMのプロデューサで、ディレクター*で、パーソナリティのヤンです。よろしくね。」

長い髪をおまんじゅうにして頭のてっぺんにまとめ、それに中華料理のお箸をぐいっと刺した髪型をした、四〇歳を少し越えたくらいの女性だった。その女性は、自分の名刺をナニの手に握らせて、教授の映画評が面白いことや、自分もナニと同じ大学の卒業生だということや、そのほか、最近の音楽のことなど、いろいろ

ディレクター
（director）
一般的には、職種の異なるスタッフを統括し、番組全体の進行と構成を担当する職種。

雑談をした。そして、たがいに親しくなったころあいを見計らって、ナニが参加することになっている番組について説明をしてくれた。

「教授から聞いていると思うけれど、今日ほど、メディアが若者の生活に浸透している時代はないと思うのよ。テレビやインターネットなどをとおして便利で役に立ちそうな情報がどんどん流れてくるでしょ。でも、若者たちは、そんな情報を、受け身になって丸飲みしていることが多いように思うの。今あるマスメディアをそのまま受け入れて、メディアってこんなものだと思っているんじゃないかな。でも実際は、政府や企業は、そんなメディアを使って、人びとの意見や考え方を都合のいいようにコントロールしようとしているかもしれないのにね。」

ヤンさんの語り口は穏やかだったけれど、そのことばには、現代のマスメディアのあり方に対する鋭い批判が含まれていた。そして、ヤンさんは最後にこう言った。

「だから、今度の番組では、若者たちが現代のメディアをきちんと批判的に考えるきっかけを提供したいと思うの。だから、ぜひあなたのような若い人の力を借りたいの。期待してるからね。」

期待してるって言われても困るよ、とナニは思ったけれど、ヤンさんのきっぱりとした態度に返す言葉を失ってしまい、「はい、そうですね。そうできればいいんだけれど」と答えるのが精一杯だった。

でも、ナニは、この番組の意義が分からないわけではなかった。ナニが子どもだったころ、イラク戦争*が続いていた。アメリカのテレビは、アメリカ軍といっしょになってイラクに侵攻する軍隊の様子を、まるで戦争映画のように現地から伝えた。軍艦からは巡航ミサイル*が発射され、敵のフセイン大統領がすむ宮殿につぎつぎに火柱が上がった。

でも、よく観ていると、ミサイルはバクダッド市内にも落下していった。市内に落ちたミサイルは一般市民を殺さなかったのだろうか。九・一一事件のテロリスト*とフセイン大統領とはグルだと当時のブッシュ大統領は演説したけれど、本

イラク戦争
二〇〇三年三月一九日に、アメリカ合衆国が主導し、イギリス、オーストラリア、ポーランドなどが加わって、イラクの大量破壊兵器の保有による危機を口実に、同国に侵攻した戦争。その後、泥沼化した。

当だろうか。ナニは、そんな疑問をもってテレビを観ていた。しかし、テレビは、そんなナニの疑問に答えるどころか、ますますエキサイトして、アメリカ軍の進軍と勝利を誇らしげに報道していた。

ナニが、テレビに疑いの目を向けるようになったのは、それからだった。アメリカのテレビは、イラクはフセイン大統領の独裁国家で言論や報道の自由がないけれど、アメリカは民主主義国家で言論や報道の自由があるから正しいと言っていた。でも、イラク戦争の報道は、本当に自由で公正な報道だったのだろうか。ナニは、そんな疑問を以来ずっと抱いてきた。だから、今回、教授からこの番組作りに参加するようすすめられたとき、本当は、内心とてもやりがいを感じていたのだった。

ナニがそんなことを考えていると、オフィスのドアが開いて、白いタオルを首にかけ、頭を短髪に刈り上げた、道路工事の現場監督風のおじさんがぬっと現れた。そのおじさんはナニの顔を見ると、白い歯をみせてニカッと笑った。ハリウッ

巡航ミサイル
(cruise missile)
ジェットエンジンと翼をもち、自動飛行して目標を破壊するミサイル兵器。

九・一一事件のテロリスト
アメリカ政府の捜査では、オサマ・ビンラディンをリーダーとするテロ組織アルカーイダが犯行を行ったとされている。

ドスマイル*じゃん！　呆気にとられたナニにヤンさんが横から声を掛けた。

「びっくりしたでしょ。こちらが局長の紺田さん。この白いタオルはね、紺田さんのトレードマーク。この局が放送を開始したとき、紺田さん自身が局舎の改築工事を陣頭指揮したときからのシンボルってわけね。」

ナニの気持ちを確かめるように、紺田さんはこういった。

「このカモメFMは、いわゆるマスメディアじゃないんだよ。このラジオ局は、日本ではコミュニティ放送局*と呼ばれているんだ。政府の免許が必要な放送局としては、もっとも小さな規模の放送局なんだ。でも、この局の歴史はとても変わってる。以前、この町が大きな災害にみまわれたことがあった。そのとき、被災した市民たちは、被災者がほんとうに必要としている情報を提供してくれて、さらに、被災者の気持ちを代弁してくれるメディアが必要だと感じていた。被災者の中には、日本人とは違ったことばや文化をもつ外国籍の市民たちもいた。ヤンさんもそんな一人だった。そして、そんな被災者たちが災害の混乱の中、力を出し合って立

ハリウッドスマイル
唇を横に開き、歯列を露出させながら口角を上げてみせる笑い方。ハリウッドスターの写真撮影の際に多用されたので、この名称が付けられた。

コミュニティ放送局
放送法施行規則別表第一号の定義では、一つの市町村（政令指定都市については区）における需要にこたえるための放送をいう。

ち上げたラジオ局が、このカモメＦＭだったんだ。だから最初は政府の許可を得ていない無免許の放送局だった。そんな放送局のことを俗に海賊放送局*っていうんだけれど、知ってるかな？　もちろんその後、政府は許可をくれたけれど、この局は、そんな市民たちの独立精神に支えられて放送を続けているんだよ。マスメディアにまかせるのではなく、市民自身が自分の力で情報を発信することのできるメディア。それが、このカモメＦＭなんだ。この精神を新しい若い世代にも引き継いでもらいたい。そんな気持ちが今度の番組企画を動かしているんだ。そして、この白いタオルは、自分たちがすすんで汗を流して手作りするという局の精神のシンボルってわけなんだよ」

そして、紺田さんは、プレセントだといってナニの首に、自分と同じ白いタオルを掛けてくれた。

「このタオルがすっかりよれよれになるまでがんばれば、一人前ってことかな。」

日本には、放送法*という法律があって、放送局を開設するには政府の許可が必

海賊放送局
正式な放送免許をもたず放送を行う放送局のこと。ラジオ局が多い。船舶に送信機を積んで、その国の領海外から放送するケースが多かったため、この名称が付けられた。

放送法
一九五〇年に施行された、放送一般、日本放送協会（ＮＨＫ）、放送事業者全般を規制する日本の国内法。日本におけるすべての放送および放送を行なう者は、この法律によって規制をうける。

要だという。ずいぶん不自由な国だなあと思っていた。でも、そんな国にも、カモメFMのような放送局があることを知って、ナニは、なんだか嬉しくなってきた。

「がんばらなきゃ。」ナニは、そう一人決意を固めるのだった。

「自分で言うのも変だけれど、わたしって、なんてケナゲな女なの！」

◆

その後、ナニは、ヤンさんや紺田さんをはじめ、この小さなラジオ局にかかわるスタッフやボランティアたちと会議をかさね、担当する番組の構成案をねり上げていった。そして、最終的に、ナニの担当する番組は六回完結のシリーズ番組「ナニの連続ラジオ講座・メディアってなに？」と決まった。毎回、メディアについて異なったテーマを取り上げ、若者を代表してナニが聴き役をつとめながら、教授やゲストにお話をしてもらう。ときにはヤンさんにも、話に加わってもらう。そして、番組の最後は、ナニがキャスター*としてしめくくる。そんなやり方で、番組を進めることになった。

キャスター
ニュース番組やトーク番組をリードする役割をもつ高度な権限と能力をもつ総合司会者。アメリカでは高い権限と権威が与えられているが、日本では、ただの番組の進行役を指すことが多い。

こうして、ナニのラジオキャスターとしての奮闘が始まった。

第一回　それは一九三〇年代のドイツで始まった

——政治とメディアの危険な関係——

初めての番組収録がやってきた。

ナニの通っていたホノルルのハイスクールには、スクールＴＶがあって、ナニは一度だけテレビカメラの前でニュースを読んだことがあった。でも、それはただの校内放送。実際にオンエア*するラジオ番組の収録は、今回が初めての経験。ドキドキしちゃう。台本はきちんと準備してきた。でも、「噛む」*かもしれない。どうしよう。そう思うとますます心臓がドキドキした。

カモメＦＭには、生放送用の第一スタジオと収録用の第二スタジオの二つのスタジオがあった。ナニの番組は、局のスタッフたちが「サブスタ」と呼んでいる第二スタジオで録音され、少し手直しされて本放送されることになっていた。

「おはようございます*」と言って、スタジオに入ると、ミキサー卓の前には、すでにヤンさんが座ってスタンバイしていた。今日のゲストは教授。初対面じゃないのでナニも少しは安心。ナニに続いて教授もスタジオに入って、その場で簡単な打ち合わせ。第一回のタイトルが印刷されたキューシート*と構成台本*を確認した。

オンエア
(on air)
電波が空中に発信されている、つまり、放送が行われている状態。

「噛む」
放送用語で、アナウンスがつまったり、言い間違えたりすること。

「おはようございます」
放送局のあいさつ言葉。スタジオ入りするときなど、時刻に関係なく使われる。

キューシート
番組の進行表。

構成台本
番組の進行に従って書かれた脚本。

つぎに台本の読み合わせをするのかとナニが思っているところへ、「それでは、本番いきましょうか」とヤンさん。「えー、もう本番？　そんな！」とたじろぐナニ。でも、ヤンさんはそんなナニの声を無視してタイトルミュージックをスタートさせた。こうなったらやるしかない。ナニも武者ぶるいして、ヘッドフォンを耳にかけた。

「マイク入ります。」

ヤンさんがそう言って、ミキサー卓にずらりと並んだ、マイクの音量を調整するレバーを静かにアップ・スライドさせながら、ナニに向かって手を差し出すような仕草でキューを送った。本番が始まった。

◆マイク・オン*

ナニ　今日から始まる新番組、「ナニの連続ラジオ講座・メディアってなに？」の

マイク・オン
録音が行われている状態。

時間がやってきました。わたしはこの番組のキャスターを務める、ハワイ生まれで日本育ちのナニです。どうぞよろしく。

今の若者にとって、メディアは、それなしでは生きていけない生活の必需品だよね。メディアといえば、テレビ、インターネット、スマートフォンといろいろあるけれど、便利だからってふだんは漠然と使っていることが多いと思うの。そこで、この番組では、そんなメディアについて、メディアはどんな働きをしているのか、マスメディアの影響力って何なのか、といった問題について、歴史的な視点ももちながら、深く考えていきたいと思っています。みなさん、聴いてね。

さて、第一回目の今日は、「それは一九三〇年代のドイツで始まった――政治とメディアの危険な関係――」というテーマでお送りします。今日の番組のコメンテータ、教授をご紹介します。

さて、教授！　一九三〇年代ってどんな時代だったのですか？　そして、それがメディアとどう関係しているの？　ナニたちが生まれる半世紀以上も前の時代のことだから、まずその辺からお話をお願いしますね。

教授　一九三〇年代の話をする前に、近代のメディアの歴史について、少しまとめておこうね。新聞や書籍が、グーテンベルク*が一五世紀に最初に発明した印刷技術の進歩に支えられて発達してきたことは言うまでもないけれど、一九世紀後半から二〇世紀に入ると、電気的な技術に支えられた新しいメディアがつぎつぎに登場してきたんだ。音声メディアでは、電話、蓄音機とレコード、ラジオなどが発明され、実用化されていった。また、映像メディアでは、スクリーン型の映画が急速に普及していった。それは、文字に頼る活字系メディアとは違って、視覚や聴覚を直接的に刺激する感覚系メディアのはなばなしいデビューだった。

今日のようなエレクトロニクスを利用したマスメディアの中でももっとも早く登場したのは、ラジオだった。一九〇〇年にフェッセンデン*によって発明さ

ヨハネス・グーテンベルク
(Johannes Gensfleisch zur Laden zum Gutenberg)
一三九八?〜一四六八年。ドイツの金属加工技術者で、ヨーロッパで初めて活版印刷機技術を実用化した。

レジナルド・フェッセンデン
(Reginald A. Fessenden)
一八六六〜一九三二年。カナダ生まれの電気技術者で、ラジオを発明した。

れたラジオは、当初は、今のトランシーバーのように送信機と受信機の両方が一体になった機械で、無線通信装置として利用されていたんだけれど、それが音楽やニュースを聴く受信専用の機械として普及をし始めたのは、一九二〇年代に入ってからだった。アメリカやヨーロッパを中心に世界各地でラジオ放送局が開設され、受信機数も急速に普及していった。日本でも、一九二五年に東京放送局*が開局され、以来、ラジオは急速に増加していったんだ。

ナニ　それって今のNHKだよね。

教授　そうだよ。映画もラジオと並行して発展していった。一九世紀末にフランスのリュミエール兄弟*によって発明されたスクリーン型の映画は、一九一〇年代に入ると、アメリカ西海岸のハリウッドに映画製作会社が集まるようになり、映画産業を生み出していった。二〇年代になると、映画特有

東京放送局
社団法人東京放送局。一九二五年に芝浦の仮放送所から最初のラジオ電波を送信した。社団法人日本放送協会（現NHK）の前身。

リュミエール兄弟
オーギュスト・リュミエール(Auguste Marie Louis Lumière)一八六二〜一九五四年。ルイ・リュミエール(Louis Jean Lumière)一八六四〜一九四八年。兄弟。ガラス乾板工場を経営し、劇場型映画であるキネマトグラフを発明した。

の新しい表現技法もつぎつぎと考案されていった。たとえば、ロシアのエイゼンシュテイン*が「戦艦ポチョムキン」という劇映画に応用したモンタージュ技法は、それまで演劇のまねごとだった映画表現を劇的に発展させ、今日の映画やテレビの表現技法の基本となった。また、二六年には、アメリカでトーキー映画*が実用化され、映画に音声や音楽が付くようになった。

こうして、つぎにやってきた三〇年代には、ラジオや映画に代表されるような、文字を使わない感覚系メディアが、社会に大きな影響を与えるまでに成長を遂げたんだ。それまでは、マスメディアといえば活字系の新聞がその筆頭だった。しかし、ラジオや映画の普及によって、人類はもっと直接的に、そして感覚的に、人びとにメッセージを届けることができるようになったんだよ。

ナニ　今の時代に当てはめてみると、当時の映画やラジオは、ちょうど現代のテ

セルゲイ・ミハイロヴィッチ・エイゼンシュテイン
(Sergei Mikhailovich Eisenstein)
一八九八〜一九四八年。ロシア支配下のラトビア生まれで、社会主義者の映画監督。

トーキー映画
映像と音声が同期した映画。一九二七年の「ジャズシンガー」が最初の作品。

レビくらいのパワーがあったわけね。

教授　そう、そのとおり。もちろん、政府や企業は、この強力なマスメディアを利用しようと考えた。アメリカでは、ビジネスへの利用が盛んだった。ハリウッド映画はその筆頭だよね。ラジオも商品広告の手段として大いに利用されていった。

　ヨーロッパでは少し事情が違っていた。この新しい感覚的メディアを政治に利用しようと考えた政党がドイツに現れたんだ。そう、ヒトラー率いるナチス党*だよ。

　第一次世界大戦に敗れたドイツで、民族主義を掲げて登場したヒトラーが、一九二三年、最初の武装蜂起であるミュンヘン一揆を起こして失敗し拘束されたとき、これからの政治戦略を考え、それを『我が闘争』*という本にまとめた。この本の中で、ヒトラーは徹底した大衆操作によって政権を奪取しよ

ナチス党
(Nationalsozialistische Deutsche Arbeiterpartei)
一九二〇年にドイツで結成された民族主義と反ユダヤ主義を掲げる国家主義政党。一九三三年に政権を取ったが、敗戦によって一九四五年に壊滅した。党首は、アドルフ・ヒトラー（Adolf Hitler）一八八九〜一九四五年。第二次世界大戦を引きおこしたが、連合国軍に敗北し、ベルリンの地下壕で自殺した。

『我が闘争』
(Mein Kampf)
ヒトラーが獄中で著した二巻からなる著作で、出版は二五年と二六年。ナチスの国家戦略を示した。

うと考えたんだ。

一九三〇年代は、世界が経済不況にあえいでいた時代だったんだ。ニューヨークのウォール街で起こった株の大暴落をきっかけに経済恐慌に陥って、アメリカだけでなく、ドイツでも、日本でも、世界中が不況のどん底でもがいていた。失業で生活苦にあえぐ労働者たちは、一九一八年に成功したロシア社会主義革命の影響をうけて、各地で争議を起こし、それを弾圧する政府との間で、紛争や混乱が多発していた。世界は騒然としていたんだ。

ナニ 経済恐慌？　ああ、パニックのことね。それならハイスクールで習ったよ。

教授 そう、パニック。その方が分かりやすいよね。さて、そのような混乱の中で、ナチスは、社会主義でも自由主義でもない「国家社会主義」によるドイツ民族の復興をかかげて政権獲得に向けた闘争を進めていった。そして、その闘争のための最大の武器がプロパガンダ*、つまりメディアによる大衆操作だったんだ。

ヒトラーは『我が闘争』の中でこう言っている。

「真実であれ嘘であれ、いかなる強固な観念も、プロパガンダによって新しい観念に取り替えることができる。人びとの心理を読み、なんども繰り返すことで、四角形を円だと証明することも不可能ではない。そもそも四角形とか円とかいうのは、ただのことばにすぎない。だから、ことばによって、それにいつわりの衣を着せてしまうこともできる」

プロパガンダを重視するヒトラーにとって、ラジオや映画は、その目的を効果的に実現できる非常に魅力的な手段に見えた。ナチスは政権をとるためにも大量のプロパガンダを行なったけれど、ラジオや映画をもっと徹底的に利用するようになったのは、一九三三年に政権をとってからだった。

まず、ナチスの放送だけしか受信できない国民ラジオ*というラジオを大量

プロパガンダ
人びとの意識や心理を特定の方向に誘導したり、変容させたりするために行われる宣伝活動。とくに戦時下の心理・情報工作。

国民ラジオ
(Volksempfanger)
一九三三年に政権を取ったナチスが政治宣伝のために各家庭に一台ラジオを普及させることを目標に製造したラジオ受信機。

に製造して、レストランや工場など、大衆の集まる場所に強制的に配備したんだ。さらに、国内だけじゃなく、国際的な場面にも利用した。周辺の国に住むドイツ系の市民にむけて、ナチスのドイツがどんなにすばらしいかを宣伝するドイツ語放送を行なった。第一次大戦に負けてフランスに占領されていたザール地方*では、ヒトラーのドイツへの併合の是非を決める住民投票が一九三六年に行なわれたんだけれど、そのとき、併合に有利な世論を作るためにナチスの宣伝を放送するラジオをドイツから密輸したりもした。

映画の利用を積極的に進めたのは、ゲッベルス*という宣伝大臣だった。

ナニ　宣伝大臣か。すごく露骨な名前だね。今でいえば、広報担当大臣ってとこね。今の日本の政治でも、広告代理店と政治家がくっついて、総理大臣のメルマガのタイトルに、流行ってるロックバンドの曲名をダブらせたり、演説に登場すると

ザール地方
現在はドイツ南西部の州。フランスとの国境に位置する。

パウル・ヨーゼフ・ゲッベルス
(Paul Joseph Goebbels)
一八九七〜一九四五年。ドイツの政治家。ナチスの国民啓蒙・宣伝大臣を務め、プロパガンダの天才と言われた。敗戦の直前にベルリンの地下壕で自殺した。

きのテーマ音楽に使ったり、若者向けの宣伝を仕掛けているチーム*があるっていうよ。

教授 このゲッベルスのプロパガンダ戦略は、たいへん巧妙だった。かれは政治臭の強い宣伝映画は、ヒトラーの指示がないかぎり、ほとんど作らなかった。露骨な政治宣伝は効果がないと知っていたんだね。そのかわり、歴史物語映画や音楽と踊りの娯楽映画、おとぎ話を題材にしたファンタジー映画やアニメをたくさん製作した。そして、その中に、巧みに政治的メッセージを埋め込んだんだ。

たとえば、一八世紀ごろのドイツを舞台に、強欲なユダヤ商人が計略をもちいて貞淑なドイツ人の人妻を略奪するという時代劇風の映画を製作し、強制収容所*の看守たちにみせた。看守たちは、目の前にいる無実のユダヤ人にその悪辣な商人のイメージを重ね合わせることで、自分がしている非人道的

若者向けの宣伝を仕掛けているチーム
たとえばチーム世耕。小泉元首相のメルマガのタイトル「ライオンハート」はSMAPの曲名、演説登場時のテーマ曲は、X・JAPANの「Forever Love」。このチームを率いたのが世耕弘成自由民主党参議院議員。

強制収容所
政府が敵視する者を治安維持のために強制的に収容する目的で設けられた施設。第二次世界大戦中、ドイツがユダヤ人を収容し、絶滅させるために設けた施設としては、アウシュヴィッツが有名。

な行為を正当化することができた。
　プロパガンダ映画については、ゲッベルス以外にもうひとり重要な人物がいた。レニ・リーフェンシュタール*という女性映画監督だよ。彼女がヒトラーの求めに応じて製作した、一九三二年にニュールンベルグで開かれたナチス党大会の記録映画「意志の勝利」は、大胆な移動ショットを効果的に使った斬新な映像表現で注目を集めた。そして、彼女は、さらに一九三六年のベルリンオリンピックの公式記録映画「民族の祭典」「美の祭典」*を製作し、その高い芸術性で世界中から注目された。プロパガンダと芸術を融合させたレニの映画に対する評価は今でも分かれている。ただ、リーフェンシュタールは、芸術好きのヒトラーからは寵愛されたけれど、「高尚な芸術より大衆の娯楽」を重視したゲッベルスからは嫌われたと言われているよ。

ナニ　リーフェンシュタールとゲッベルスは仲良くなかったわけね。才能のある

レニ・リーフェンシュタール
(Leni Riefenstahl)
一九〇二〜二〇〇三年。ドイツ、ベルリン生まれのダンサー、女優、映画監督、写真家。ナチスのプロパガンダ映画監督として戦後きびしい非難を受け続けた。

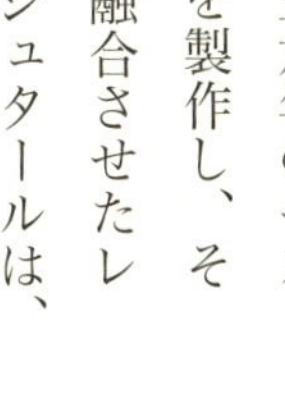

「民族の祭典」「美の祭典」
一九三六年のベルリンオリンピックの公式記録映画「オリンピア」二部作のタイトル。一九三八年ヴェネチア国際映画祭で金賞受賞。

レニに嫉妬したのかな?

教授　ゲッベルスは、プロパガンダをちょうど海原をいく輸送船団に例えた。一番遅い船、つまり一番理解力のない無知な国民にレベルをあわせて、分かりやすく仕掛けなければならないということだろうね。そして、さらに、こんなことも言っている。プロパガンダによって、人びとにまったく新しい観念を注入することは難しいが、心の奥に眠っている観念を取り出し、強化することは可能だと。このゲッベルスの考え方は、今日でも、各国の謀略機関が行なう心理情報戦の基本になっているんだ。ユダヤ人に対する偏見は、ゲッベルスが作り出したものではなく、キリスト教徒が多数派を占めるヨーロッパの社会が、異教徒であるユダヤ人に対して歴史的に育んできたものだった。たとえば、シェークスピアの戯曲『ベニスの商人』*に登場する卑劣な商人がユダヤ人であるようにね。

『ベニスの商人』
(the Merchant of Venice)
ウィリアム・シェークスピア作の戯曲。ユダヤ人金貸しシャイロックの証文をめぐる裁判とベルモントの女相続人に求愛する若者の話。

ナニ　ラジオや映画がプロパガンダにとても効果的だということはよく分かったけれど、ナチスだけがそういうことをやったの？

教授　言っておかなきゃならないことは、プロパガンダや心理作戦は、ナチスだけの専売特許じゃなかったということ。イギリスもアメリカも日本も、ほとんどの国の政府が、自国民に対して、あるいは外国に対して、陰に陽にプロパガンダや心理作戦を繰り広げた。そして、それは今でも変わっていないんだ。戦争が終わった後は、広告業界がこの技術を商品広告に用いるようになったことも付け加えておかなきゃね。

ただ、ラジオや映画を用いたナチスのプロパガンダが成功した理由には、当時の時代背景が関係していた。

第一次大戦に負けた後、ドイツには民主的なワイマール共和国政府が誕生していた。しかし、この政府は民主的だったけれど、敗戦による自信喪失から脱出させてくれる強い政府を求める国民を満足させることができなかった。多くの国民は、戦勝国から押し付けられた弱い民主主義より、伝統的で権威主義的な政治体制の復活を求めた。そこに、ナチスが熱狂的なスローガンをたずさえて登場したんだ。

政権を取ったナチスが軍備拡大と公共事業*で失業問題を解決したことも大衆の信頼をあつめる要素になった。人びとは、ナチスがとにかく景気を回復し、仕事を作り、物質的に豊かな生活*を保障してくれているということで、ナチスの危険な政治プロパガンダを「まあ、いいか」と黙認したんだね。

一方、メディアの側の事情も関係していた。当時の新聞は、報道より言論が中心で、政党別の主張を載せた小規模な新聞がばらばらに発行されていた。だから、経済的基盤が弱く、急成長するナチスにあっという間に牛耳られてしまった。そして、新聞や書籍などの理性的な活字系メディアは、ナチスが

軍備拡大と公共事業
雇用創出を掲げて、高速道路アウトバーンの建設や兵器の増産などを行った。

物質的に豊かな生活
雇用創出による所得拡大と国民車フォルクスワーゲンに象徴されるような消費財の供給を行った。

使用したラジオ、大衆集会、映画、ポスターといった感覚系メディアに対抗できなかった。

もう一つ重要な要因があるよ。戦争が始まってナチスが東ヨーロッパに続々と強制収容所を建設し、かれらが劣等民族と呼ぶ人たちを抹殺し始めたとき、世界がそれに鈍感だったのにはわけがあるんだ。それは、第一次大戦中にイギリスが行なった「ドイツ軍は残虐な行為をやっている」というプロパガンダがあまりに大袈裟だったので、現実にナチスが残虐行為を始めたにもかかわらず、「また、大袈裟に言ってる」と世界のジャーナリズムが注目しなくなってしまったからなんだ。オオカミ少年効果といってもいいかな。

ナニ　「オオカミが来た！」って叫んで何度もお騒がせしたために、本当にオオカミがきたのに、誰にも信じてもらえなかった男の子のお話ね。イソップ寓話だったよね。

教授　ナチスは必死になって隠そうとしたけれど、戦争の終盤になってドイツ軍が敗走した東ヨーロッパの各地に残された強制収容所を見た連合国の軍人やジャーナリストは、その残虐な行為が本当だったことを知って驚愕することになった。そして、戦後、どうしてこんな残忍で極悪なナチスに、あのゲーテやバッハの芸術を育んだドイツ人がいとも簡単にたぶらかされたんだろうか、と考えた。そして、その原因の一つはラジオや映画などのマスメディアを使ったプロパガンダが関係しているに違いないと直感したんだ。

こうして、ナチスの政治支配とそれに服従していった一般大衆について、いろいろな研究*が行なわれるようになっていった。マスメディア研究もその重要な一角だったんだ。

そんな研究の多くは、マスメディアの強力な影響力を強調するものとなった。まあ当然の傾向だといっていいよね。「マスメディアの力は絶大だぞ。マスメディアが発信する情報は、まるで皮下注射のように直接的に全面的に

いろいろな研究
A・W・コーンハウザー『大衆社会の政治』、フランクフルト学派のT・アドルノの権威主義的パーソナリティの理論やE・フロムの『自由からの逃走』などの研究。

即時的に人びとに影響を与えるのだ」という学説が広がっていった。このような理論を強力効果理論、あるいは弾丸理論とか皮下注射モデルとか呼ぶ。感覚系メディアを駆使したナチスのプロパガンダにまんまとしてやられてしまったという苦い反省から、メディアに対する研究は始まったといってよいんだね。

そして、その研究にたずさわった人びとは、ナチスのような独裁国家だけではなく、アメリカのような民主主義の国でも、マスメディアが大衆操作に利用される可能性が高いことに気づいていったんだ。

たとえば、この理論を強く支持する一人にハロルド・ラズウェル*という政治学者がいた。かれは、第二次大戦中、アメリカ議会図書館*の中に組織された戦時コミュニケーション研究班の班長を務めたこともあり、プロパガンダ研究の大家だった。そのラズウェルがこんなことを言ってるよ。

「民主主義体制においては、プロパガンダは特権階級が自己の利益にもとづ

ハロルド・D・ラズウェル
(Harold D.Lasswell)
一九〇二〜七八年。アメリカの政治学者でコミュニケーション研究者。プロパガンダ研究の第一人者だった。

アメリカ議会図書館
(Library of Congress)
一八〇〇年にワシントンDCに設立された連邦政府立の世界最大規模の図書館。日本の国立国会図書館のモデルとなった。

いて決定したことがらに対して無知な市民の同意を取り付けるために必要とされている」とね。
だから、一九三〇年代のドイツで起こったことをきちんと批判的に受け止めることが、今日のメディアを考える上でいかに重要か、これで分かってもらえたと思うんだけれどね。

ナニ　わたしたちの中にも、マスメディアはものすごい影響力をもっているのに、ほんとうのことを伝えてないんじゃないかって、そして、権力者がマスメディアを利用して、一般大衆を自分たちの都合のいいようにコントロールしようとしているんじゃないかって、漠然と疑問をもっている人は多いと思うの。でも、そのやり方はとてもずる賢いので、よく注意していないと気が付かないかもしれない。今日のお話は、その意味で、マスメディアを使って国民を操作したナチスのやり方について、過去の歴史からしっかり学ぶことで、現代の問題についても、神経をとんがらせることができるんじゃないかって思うの。そういうスタンスを身に付けることって、とっても大切じゃないかな。歴史から学ぶって、こういうことなんだよね。

教授 それからね。このシリーズ番組を聴いてくださるとき、感じとってもらいたいことがもう一つあるんだ。これから番組の中で、メディアについていろいろな理論や学説を紹介しようと思うんだけれど、たとえ純粋に学問的な理論や学説であっても、それが生まれてくる背景には、時代や人間の経験が反映された、とても人間くさい事情や理由があるということなんだ。

ナニ ふーん。理論や学説だって、人間と時代を抜きにしてはあり得ないということなんだよね。そう考えると、抽象的で難しそうなテーマにも、血が通った人間くささを感じるように思えてくるから不思議。

さて、みなさん、今日の番組をどう聴かれましたか？　これからも、この番組ではメディアについてとっても興味深いお話をどんどんお届けしていきます。ぜひ聴いてね。

この番組へのご意見やお便りのメールは、カモメＦＭ「ナニの連続ラジオ講座・メディアってなに？」係までお寄せ下さい。番組でとりあげさせていただいた方には、カモメＦＭ特製の携帯ストラップを記念にさしあげます。

この番組は、「ロシア伝統のスイーツを伝えて九十年」モロトフ・チョコレートの提供でお送りしました。

第二回　金もうけの王国に亡命知識人がやってきた

――ビジネスとメディアのお熱い関係――

ナニの番組を提供してくれているスポンサーは、モロトフ・チョコレートという地元の中堅製菓企業。ヤンさんといっしょに、この会社の社長で、創業者の血を引くモロトフさんにご挨拶にいった。港に面した大通りに建っているアールデコ風*のビルに、モロトフ・チョコレートの本社は入っていた。この素敵なビルは、この街の近代史を物語る重要な歴史的建築物に指定されているの。モロトフさんのご先祖は、今から九〇年以上前にこの港町にやってきたユダヤ系のロシア人。一九一七年にロシアで起こった社会主義革命*の混乱を逃れて日本にやってきた亡命者の子孫だった。国際貿易港があって、外国人がたくさん住んでいたこの港町がきっと住みやすかったのだと思う。

　島国の日本では実感が少ないかもしれないけれど、戦争や内乱が起こると、たくさんの人びとが難民*になって外国に逃れる。また、政治的な弾圧から逃れるために、亡命*をする人たちもいる。ナニが暮らしていたホノルルにも、ヴェトナム戦争*の後に成立した社会主義政権をのがれて、アメリカに亡命した難民の人たち

アールデコ
(Art Deco)
欧米を中心に、一九一〇〜二〇年代に流行した、幾何学性と装飾性を特徴とするデザインの潮流。工業的な生産に適していた。

ロシア社会主義革命
ロシア帝国で、一九一七年にレーニン率いるボルシェビキ党によって起こされた社会主義革命。その結果、ソビエト共和国連邦という史上最初の社会主義国家が誕生した。

難民
戦争や民族紛争、災害や経済危機などの理由で住む場所を追われて移動を余儀なくされた人びと。

がたくさん暮らしていた。ヴェトナム料理のレストランに行くと、今でもかつての南ヴェトナム国旗が飾ってあったりする。

モロトフさんの会社は、お砂糖のたっぷり利いた、昔からの甘いチョコレートの製法を守っている。だから、ダイエット指向で砂糖ばなれの昨今の若者にはイマイチ馴染みがない。そこで、今回、若者向け番組のスポンサーになってくれれば、モロトフ・チョコレートのイメージチェンジになって若者にも受けがよくなるに違いないって説得して、スポンサーになってもらった。そうヤンさんは言っていたけれど、モロトフさんがスポンサーになってくれたのは、本当はヤンさんとの長い人間関係のお陰だとナニは思う。

カモメFMも、れっきとした民間放送局だから、スポンサーによる広告も重要な収入源だ。これらスポンサーには、スポット広告*、つまり番組と番組の間に短いコマーシャル・メッセージの放送を依頼してくるスポンサーと、モロトフ・チョコレートのように番組の制作費と放送料の両方を負担してくれるスポンサーの二

亡命
政治的迫害、宗教的対立、経済的圧迫などの理由で国家の重要な職につく人びとやその家族が他国に逃れること。

ヴェトナム戦争
一九五九〜七五年に、南北ヴェトナムの統一を目的に戦われた戦争。共産化を恐れるアメリカが介入し、最終的に、アメリカに支援された南ヴェトナム軍の敗北で終わった。

スポット広告
番組の中で放送されるタイム広告に対して、番組と番組の間のステーションブレークと呼ばれる中間帯に放送される広告。

種類がある。放送局の側から見れば、放送時間を広告主に販売することになるわけ。だから、スポット広告の料金は、CMの長さ×放送回数で計算される。他方、番組提供をしてくれるスポンサーについては、制作費と放送料を計算して見積書をこしらえて、プロデューサが個別に交渉することになっている。

マスメディアの場合は、放送局のプロデューサがいちいち企業の担当者と交渉するのではなく、スポンサー企業と放送局の間を広告代理店*が仲介している。日本では、電通とか博報堂が有名だよね。この広告代理店の仕事の一つが、CMを制作すること。現代の企業は、商品開発にあたって、その商品を買ってくれる人たちについて徹底的に調査し、かれらのニーズや嗜好に合わせようと努める。これをマーケティング*と呼ぶんだけれど、CMの制作もマーケティングを抜きにしては成り立たない。だから、広告代理店は、専門の調査スタッフを置いて、一般の人びとが何をほしがっているか、どんなものが流行しているか、といったことをいつも研究している。ちょうど新聞社が世論調査をするみたいに。また、提供

広告代理店
新聞やテレビなどメディアの広告枠を企業に販売し、手数料をとる業態を基礎として、その周辺業務として、広告企画制作、企業イメージ戦略、新商品開発の支援、政党のための政治宣伝の企画・運営など広い分野を含む業態。日本では国内取扱高で電通、博報堂DYホールディングスなどが上位を占めている。

する番組については、その番組の視聴者の性別や年齢、所得階層が広告したい商品やサービスのターゲットにぴったりしている方が、広告効果があるとみなされるから、スポンサー企業の意向にあわせて、番組の内容に変更を求めたりすることもあるらしい。たとえば、自動車メーカーが提供するドラマには自動車事故の場面がないなんてね。スポンサーや代理店の力は視聴者が考えている以上に大きいのかもしれない。

でも、カモメＦＭのような小さなコミュニティＦＭの場合では、大手の代理店の仲介はまれで、どちらかというとプロデューサと広告主の間の人間関係で広告が発注されることが多いらしい。カモメＦＭの場合は、とくに局の活動を応援しようという地元企業からの広告が多い。だから、スポンサーが番組内容に文句付けてくるといった問題は起こりにくいんだけれど、他方、大企業のスポンサーが付かないので、経営が苦しいといった問題があるとヤンさんは言っていた。

他にも、地方自治体や公益団体がスポンサーになって、広報番組の制作と放送

マーケティング (marketing)
アメリカマーケティング協会の定義では、個人や組織の目標を満足させる交換を創造するための、アイデア・製品・サービスのコンセプト、価格、プロモーション、流通を計画し、実行するすべての過程を意味する。

を発注してくることもある。以前、災害が起きたとき、カモメＦＭが市民への情報提供で重要な役割を果たしたことをお役人たちもよく知っているからね。

しかし、カモメＦＭを支えるもっとも大きな財源は、会員と呼ばれる市民たちからの寄付金。市民の寄付金で支えられてるカモメＦＭは、だから株式会社じゃなくて、ＮＰＯ*と呼ばれる非営利団体の形態をとっているの。でも、非営利だからって、お金なしじゃやっていけない。なのに、いつも経営は赤字すれすれ。小さな民間放送局の経営は、なかなか大変なんだなぁ。

◆マイク・オン

ナニ　今週もカッコいいテーマミュージックで始まりました。「ナニの連続ラジオ講座・メディアってなに?」の時間がやってまいりました。みんな、元気にしてる?

だんだん暑くなってきてるけれど、女の子たちは、紫外線対策はバッチリかな?

ＮＰＯ
nonprofit organization の訳語で非営利団体のこと。日本では、一九九八年に施行された特定非営利活動促進法によって法人格をえた団体（ＮＰＯ法人）を指す。

ナニは、ホノルル育ちだから、もうティーンのころから真っ黒。美白するには遅すぎなんだけど、それでも、日本育ちのみんなに負けじとがんばってるよ。いいスキンケアのコスメあったら教えてよね。

さて、今週のテーマは、「金もうけの王国に亡命知識人がやってきた——ビジネスとメディアのお熱い関係——」でお送りします。スタジオには、先週に続いて教授をお招きしていますので、じっくりお話を聴きたいと思います。

教授、金儲けの王国って、ひょっとしてアメリカのこと？　ホノルル時代のナニの友だちにも、移民出身者がいるんだけれど、移民する前は、アメリカにいったら金持ちになれるって本気で思ってたみたいだから。でも、なぜ亡命者なの？

そして、それがどうメディアに関係あるんですか？

教授　先週は一九三〇年代のドイツで、ナチスが感覚系メディアを駆使したプロパガンダでまんまと政権を握り、人びとを戦争に駆り立てていったという話をしたよね。そして、このプロパガンダを担ったゲッベルスとリーフェンシュタールという二人の人物について取り上げた。言ってみれば、この人物たちは、ナチスの側にくみして権力をほしいままにした人たちだった。しかし、ものには表があれば、かならず裏がある。権力を握った人がいれば、その反対側には、権力に弾圧されたり、排除されたりした人たちがいるものなんだ。

今週は、ナチスに迫害されたり、追われたりした人びとの運命に目を注いでみたいと思う。なかでも、知識人たちに注目したいんだ。というのも、かれらの中に、今日のメディアのあり方やその理解に決定的な影響を与えた学者や思想家がいたから。

ナニさんが一三歳のときに、ハワイに留学した理由を以前聞いたことがある。日本の中学校でいじめに会って不登校になり、崖っぷちに追いつめられたような気分の中で必死にもがいていた。そんなとき、アメリカへの留学が自由への脱出口に思えたんだよね。

ナニ　そうよ。思い出すだけでも、胸がつまってくる。本当に出口なしの真っ暗闇の気分だった。そんなとき、アメリカは、光が差し込んでくる窓のように思えたんだよ。

教授　ナチスが政権をとったとき、知識人たちの中には、ナニさんと同様に真っ暗な気分におそわれた人たちがたくさんいた。まず、ナチスが目の敵にしていたユダヤ系の知識人たち。かれらは命の危険を感じていた。たとえば有名な物理学者のアインシュタイン*がそうだよ。つぎに、ナチスと政治的にはげしく対立していた社会主義者の知識人たち。一九三〇年代という時代にあって社会主義はまだ多くの知識人をとらえる魅力的な社会思想だったからね。かれらもナチスからの弾圧を予感した。そして、自由主義的な考え方を

アルベルト・アインシュタイン
(Albert Einstein)
一八七九〜一九五五年。ドイツの理論物理学者。相対性理論の基礎を築き、一九二一年にノーベル物理学賞を受賞。

信条にしていた芸術家や作家たち。ナチスは、たとえばピカソのようなキュビズムやダダイズムなどの近代絵画を退廃芸術*として否定し、美術館から追放した。また、トーマス・マン*らの反ナチ的な作家を芸術院から除名した。ナチスはかれらの著作を燃やしたり、作品製作禁止令を出したりして、芸術活動を妨害したんだ。かれらはナチスの台頭に息苦しさを覚えると同時に、生活の手段を奪われていった。

ナチスが権力を握らなければ平穏に研究生活や芸術活動に専念していたはずの人たちが、劇的な運命に翻弄されていったんだ。ナチスに追われた知識人の悲劇を象徴するのが、亡命に失敗して自殺した思想家のヴァルター・ベンヤミン*だ。

ナニ　ベンヤミン？　英語で言えばベンジャミンね。

退廃芸術
ナチスは、道徳的、人種的に堕落した芸術がドイツ民族を害するという芸術観をもって近代芸術を弾圧した。弾圧の対象になったキュビズムは、ルネッサンス以来の一点透視画法を否定し、多様な角度から見た形象を画面に統合する表現法で、パブロ・ピカソやジョルジュ・ブラックらによって創始された。また、シュールレアリズムは、超現実主義ともいい、意識の内面に潜むより上位の現実を視覚的に表現しようとする、アンドレ・ブルトンらによって創始された芸術運動。

教授　一九世紀末のベルリンで、大金持ちのユダヤ系美術商の息子に生まれたベンヤミンは、若い時代から社会主義的ですぐれた哲学的エッセーを発表して、注目を集めていた。当時、同じような傾向をもつ研究者たちはフランクフルト大学にある社会研究所に集まっていた。のちにフランクフルト学派*と呼ばれて、戦後のメディア研究に大きな影響を与えるんだけれど、そこにはアドルノ*やホルクハイマー*などの著名な研究者たちがいた。ベンヤミンも一九三三年にこの研究所の研究員になって活発に研究を始めようとしていた。しかし、ユダヤ系で社会主義的な知識人とくれば、もうナチスの目の敵だよね。かれにとっての悲劇は、大学で研究活動を開始したその年にナチスが政権をとってユダヤ人への迫害と社会主義思想の弾圧を始めたことだった。それからベンヤミンの亡命者としての流浪の生活が始まるんだ。一九三四年に劇作家のブレヒト*を頼って一旦デンマークに逃れた後、三六年にパリに移動し、そこで多くの著作を発表するんだ。そして、芸術やメディアを論じた重

パウル・トーマス・マン
(Paul Thomas Mann)
一八七五～一九五五年。ドイツのノーベル文学賞受賞作家。主な作品に、『トニオ・クレーゲル』（一九〇三年）、『魔の山』（一九二四年）など。

ヴァルター・ベンヤミン
(Walter Benjamin)
一八九二～一九四〇年。ドイツの文芸批評家、思想家、哲学者。主な著作に、『複製技術時代の芸術』（一九三六～三九年）、『パサージュ論』（一九三五年）など。

要な著作をどんどん発表していく。それは現代のメディア理論にも大きな影響を与え続けている。でも、フランスがドイツに負けた後、危険を感じてスペインに脱出しようとするが、失敗し、悲観のあまり自殺してしまうんだ。

ベンヤミンは、一級の知識人としての約束された将来を奪ったナチスを心から憎んでいただろうね。だから、ナチスが芸術に介入したり、感覚系メディアを利用してプロパガンダを展開したりするのが許せなかったんだろう。ベンヤミンは、ナチスの芸術思想を徹底的に批判しようとするんだ。しかし、その際、たんに感情的に批判するのではなく、新しい独自の理論を構築することによって、ナチス批判を展開していくんだ。そして、その理論は、その後、ナチス批判の枠を超えて、今日のメディア理論を先導する画期的なものとなった。

まず、ベンヤミンは、複製芸術、つまりグラフィックアートや写真など、今日、メディアアートと呼ばれるような、機械的に大量生産された芸術に注目する。

フランクフルト学派
一九三〇年代にホルクハイマーがフランクフルト大学の社会研究所所長に就任したのを契機に始まったマルクス主義を基盤とする社会科学研究グループの総称。

テオドール・W・アドルノ
(Theodor W. Adorno)
一九〇三〜六九年。ドイツの哲学、社会学研究者。ユダヤ系で音楽分野の造詣も深かった。主著に『権威主義的パーソナリティ』(一九五〇年)など多数。

マックス・ホルクハイマー
(Max Horkheimer)
一八九五〜一九七三年。ドイツ生まれの哲学者、社会学者。ユダヤ系で、大量生産された芸術作品は、それ以前の芸術作品がもっていたオリジナルの重み、つまり、今ここにしかないただ一つの本物としての輝きをもっていないんじゃないかと考えた。そのただ一つのオリジナルの輝きのようなものをベンヤミンはアウラと呼んだ。

ナニ　アウラ？　ようするにオーラのことだと思えばいいのね。ほら、あのロックスターにはオーラがあるなんていう。

教授　まあ、そうだね。もとは同じ言葉、ａｕｒａだから。アウラのある芸術作品は、たとえば大聖堂に描かれたキリスト像のように、それを見る人は特別な場所に行って、まるで拝むように鑑賞することになる。だから、そのような芸術作品は、礼拝的な価値をもっていると考えた。一方、アウラをもたない複製芸術作品には、礼拝的価値はないけれど、見る人が自由に好きな

第二次大戦時はアメリカに亡命。ホルクハイマーとの共著『啓蒙の弁証法』で著名。

ベルトルト・ブレヒト
(Bertolt Brecht)
一八九八～一九五六年。ドイツの劇作家、演出家、作家。第二次大戦中はアメリカに亡命。主な作品に、『三文オペラ』『ガリレオ・ガリレイの生涯』『肝っ玉おっ母とその子どもたち』など多数。

ように飾ったり、展示したりできる価値があると考え、これを展示的価値と呼んだ。

ベンヤミンは、工業文明の発達によって、芸術は昔のようなアウラを失ってしまったけれど、そのかわりに、労働者のような一般大衆が自由にコピーを手にすることができるようになることで、芸術は新しい段階に変化を遂げるだろうと考えたんだ。そのような考えをまず打ち立てておいて、その上に立って、ベンヤミンは、ナチスがポスターや映画など複製技術を使ったアートをプロパガンダに利用しているにもかかわらず、他方では、伝統的な芸術作品の礼拝的価値を利用して一般大衆を動員しようとしているのだと批判した。

ナチスが感覚系メディアを使ってプロパガンダをくりひろげる状況に対する危機感と反発が、ベンヤミンに複製芸術についての深くて鋭い考察をさせたといってもいいだろうね。ベンヤミンの心の中では、亡命知識人としての寄る辺ない不安とナチスの横暴に対する怒りと焦燥が混在していたような気がするよ。
しかし、このベンヤミンの複製芸術についての考察は、その後、ナチス批判の文脈を超えて、今日、広告など大量に複製される商業芸術を評価する上で、重要な理論的基盤となっていくんだ。いずれにせよ、一九三〇年代に起こった社会の変動は、それに巻き込まれた知識人たちにさまざまな知的アウトプットを呼び起こさせることによって、その後のメディアの世界に大きな影響を及ぼしていったんだ。

ナニ　ふるさとを遠く離れた異国の地で自殺してしまうなんて、なんてかわいそうなベンヤミン。ナニみたいにアメリカに逃げられればよかったのに。

教授　ベンヤミンも、実はアメリカに渡ろうとしていたんだ。かれはそれに失敗して自殺してしまったけれど、運良くアメリカに亡命できた知識人も多かった。アメリカは、これらドイツからの亡命者を快く受け入れたんだ。というか、学問や芸術でヨーロッパに遅れをとっていたアメリカにとっては、亡命知識人たちは、ぜひとも来てほしい、おいしい存在だったともいえるよね。

そんな知識人の一人に、ウィーン生まれのポール・ラザースフェルド*という人物がいた。実は、アメリカに亡命したこの人物が、強力効果理論が支配的だったメディア理論に限定効果理論という新たな展開をもたらすことになったんだ。

ラザースフェルドは、一九〇一年に、オーストリアのウィーンでユダヤ系知識人の家庭に生まれた。お母さんは心理学者で社会主義者。その影響もあって、ラザースフェルドもオーストリア社会党の青年党員で、ウィーン大学では「赤いハヤブサ」というなんだかカッコ良すぎる名前の社会主義青年組織のメンバーとして活動するんだ。ラザースフェルドのユニークなところは、過激な革命運動はしないで、大学ではもっぱら社会主義の政治理論で社

ポール・フェリックス・ラザースフェルド
(Paul Felix Lazarsfeld)
一九〇一～七六年。オーストリア生まれでアメリカに帰化した二〇世紀を代表する社会学者の一人。主著に『パーソナル・インフルエンス』(一九五五年)『ピープルズ・チョイス——アメリカ人と大統領選挙』(一九四四年)など多数。

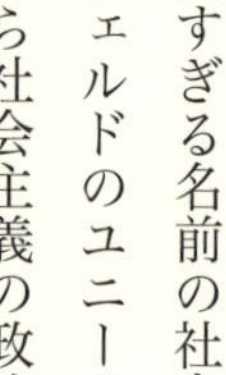

会現象を説明しようと考え、人間の行動を統計学的に研究する社会心理学に熱中していったことだった。そして、『マリーエンタールの失業者たち』という研究で注目されるようになった。

ラザースフェルドは、その間、統計調査の技術を企業に売り込んで市場調査を引き受け、活動家の仲間を調査員に雇って生計を支えてあげたりもしている。なかなか面倒見のいい人物だろう?

ナニ いるいる。こういう要領がよくて現実感覚のある人っているよね。賢そうだけど、生活力のないベンヤミンのようなお金持ちの坊ちゃんとは違うタイプだよね。

教授 そうこうしているうちに、一九三三年、かれの研究に関心をもったアメリカのロックフェラー財団*から招待されてアメリカにわたるチャンスが舞

ロックフェラー財団
(Rockefeller Foundation)
石油王だったジョン・ロックフェラーの遺志をうけ、一九一三年に設立された慈善事業を目的とする財団。

い込んできたんだ。ナチスが政権をとった年だ。そして、その翌年、祖国オーストリアでは、ナチスに同調する政府は社会党を非合法にしてしまい、ラザースフェルドは、アメリカに亡命する道を選ぶことになった。ラザースフェルドがベンヤミンのような悲劇の亡命者と違う点は、社会や隣人からの排斥や命からがらの逃避行など、人間不信を引きおこすような経験をせずに、幸運とも言えるチャンスの巡り合わせで亡命できたという点だろうね。だから、かれには亡命者特有のニヒリズム*がない。

アメリカに渡ったラザースフェルドは、社会主義者として生きたかといえばそうではなかった。社会主義者であることは表面には出さず、もっぱらアルバイトとしてやっていたはずの企業向けの市場調査に活路を見いだしていった。ナチスからは逃れたけれど、今度は、資本主義のアメリカで、資本主義に絡め取られちゃったと皮肉な見方もできるよね。

ラザースフェルドが渡米した一九三〇年代前半は、世界恐慌が吹き荒れて

ニヒリズム
(nihilism)
虚無主義。世界には本質的な価値は存在しないとする考え方。

いた時代だ。商品を作っても簡単には売れない。そこで、企業はどうすれば人びとが商品を買ってくれるか、人びとはどんな商品を求めているのか、知りたがっていた。こんな企業の要求に応えるように、市場調査の方法や技術が研究され、ビジネスとして成立するようになっていった。ラザースフェルドは、そんな時代の波にうまく乗ったわけだね。

そんな時代の中、一介の亡命者だったラザースフェルドに、メディア理論に新しい展開をもたらすきっかけとなった重要なチャンスが巡ってきた。一九三五年、CBSラジオ*の経営者だったストーンからラジオが人びとの意見や行動に与える影響を調査してほしいという研究の依頼が舞い込んだ。ラザースフェルドはCBSの依頼を受け入れ、巨額の研究資金をバックに研究を続けていった。そして、格の高い大学につぎつぎと転職を果たし、学会での地位も上昇していった。

CBSラジオ
(Columbia Broadcasting System)
一九二七年に設立された放送局を前身にもつ放送ネットワーク。現在のCBSの前身。

ナニ　けっこう上昇志向の強い人だったのかもね。アメリカに移住してきたナニの友だちにもそんな人がいたよ。

教授　この時代は、先週も言ったけれど、ラジオがアメリカ社会で急成長を遂げていた時代でもあった。それは、同時に、広告媒体として、ラジオの効果が注目されていく過程でもあった。各地の小さなラジオ局は、より大きな資本によって統合されていった。たくさんのリスナーを抱える方が広告効果も大きく、スポンサーの獲得競争で有利になるからね。そして、全国を網羅するラジオネットワークがいくつも誕生していった。CBSも、全米をカバーする有力ネットワークの一つだった。一九三〇年代の終わりには、ラジオへの広告発注額はついに新聞を抜いてしまう。ナチスが国策としてラジオを利用しようとしたのに対し、資本主義国家のアメリカでは、商業的な目的でラジオが急速に普及していったんだ。こうして、アメリカ国民が一つのラジオ番組に耳を傾けるといった状況が生まれていった。

　全国ネット化を達成したラジオは、ますます影響力を強めていった。それを象徴する出来事が一九三八年の一一月、ハロウィンの前夜に起こった。CBSの敏腕ディレクターだったオーソン・ウェルズ*が製作したラジオドラマ「火星人の襲来*」を聴いた人びとが、本当の出来事だと錯覚し、全米各地でパニックが起こってしまったんだ。そして、実際にラジオが、直接的、即時的、全面的に人びとに影響を与えたこの事件によって、マスメディアの強力効果理論が支持を集めていった。

　この時代、市場調査の方法は日進月歩で進歩していた。最初、アンケートや電話によるインタビューによって、たくさんの人びとに同じ質問をして、統計的に集計するという比較的単純なやり方が中心だったけれど、さまざまな調査方法が工夫されるようになっていった。その分野の先端を走っていたラザースフェルドは、従来の調査方法とは違う、同じ集団に対して時間をお

ジョージ・オーソン・ウェルズ
(George Orson Welles)
一九一五〜八五年。アメリカの映画監督、脚本家、俳優。主な監督／出演作品に、『市民ケーン』（一九四一年）『第三の男』（一九四九年）『フェイク』（一九七四年）など多数。

「火星人の襲来」
原題 The War of the Worlds。一九三八年にアメリカで放送されたH・G・ウェルズ原作のサイエンス・フィクションのラジオドラマ。

いて集中的に面接を重ねていくパネル調査*という方法を使って、リスナーのメディア接触行動と影響を詳しく調べていった。その結果、ラザースフェルドは、強力効果理論とは違う新しい仮説を導き出したんだ。それが、コミュニケーションの二段流れ理論*だった。今日では、限定効果理論と呼ばれているよ。

ナニ　二段流れ理論？　英語で言うとツー・ステップ・フロー・セオリーでしょう？　ほらダンスで、タッ、タッ、タッってスキップするイメージね。だいたい学問の用語って、オリジナルの英語の方が分かりやすい場合が多いと思うんだけど。日本の学者って、わざと難しく翻訳してるんじゃないの？

教授　ハハハ（汗）、そうかもしれないね。
ラザースフェルドは、メディアが人びとに影響を与えるときに、メディア

パネル調査
一定の期間固定した対象者に、同じ内容の項目を定期的に質問する調査方法。対象者と調査項目が同じであるため、時間の経過による変化を把握することができる。

二段流れ理論
(the two-step flow of communication theory)
マスメディアは事実の認知過程では個人に直接影響を与えるが、情報の評価の過程では、個人にとって親しい非公式集団が影響を与えるという理論。

に接触する人があらかじめどんな態度や傾向をもっているかが影響の程度に関係すると考えた。たとえば、いくらナチスが強力なプロパガンダを繰り広げても、ラザースフェルドのようなユダヤ系の社会主義者には効きにくいんじゃないだろうか。それを先有傾向理論*と言うんだけれど、その先有傾向しだいでは、メディアは影響力を行使できないと考えたんだ。

さらに、ラザースフェルドは、メディアが受け手に影響を及ぼす過程には、メディアがもたらした情報に評価を加える第三者が存在することに気がついた。たとえば、こんな具合だよ。もし、あなたがパソコンを買おうと考えたとする。テレビではいろんなメーカーが自社のパソコンのCMを流している。あなたはそのCMを見るだろう。でも、CMを見たとたん、あなたはそのメーカーのパソコンを買うだろうか。もちろん、そんなことはないよね。いろんなメーカーのパソコンの中から、自分に合ったパソコンを選ぶ際に、参考にするのは、あなたが信頼している人物だ。それも、パソコンに詳しくて、

先有傾向理論
(preposition theory)
マスメディアの受け手は、自分が支持している情報や態度に親和的な情報を優先的に受け入れるという理論。

いろんな情報を判断できるとあなたが思っている人物の意見を参考にするだろう。その人物は、たとえばパソコンマニアの職場の若い同僚かもしれない。いずれにせよ、このような信頼のおける人物の意見に従って、パソコンを購入するという行動が選択されるんだ。

ラザースフェルドは、このような行動の決定に影響を与える人物のことをオピニオン・リーダー*と名づけた。そして、メディアが人びとに影響を与えるには、このようなオピニオン・リーダーが中間に入って重要な役割を果たしていると考えたんだ。ナニさんは、どう思う？

ナニ　そう言われれば、わたしもそう思う。さっき美白に効くコスメは何って聞いたけど、見ず知らずのラジオの言うことより、コスメならこの人って一目置いている人の言うことをきいた方がいいように思うもの。

オピニオン・リーダー
(opinion leader)
世論を主導する人びとの意味から転じて、メディア論においては、一般の人びとに影響力をもち、情報の選択や意思決定に影響を与える人びとのこと。

教授　ラザースフェルドの主張は、こうして強力効果理論が前提としている即時性、全面性、直接性に疑問を投げかけたんだ。でもね、ラザースフェルドはメディアの影響力を過小評価したんじゃない。市場調査に詳しかったラザースフェルドは、マスメディアで広告しても、そんなに簡単に消費者は商品を買わないことを知っていた。そして、その理由を考えたんだろうね。

ラザースフェルドの指摘は、じつに常識的だった。マスメディアの情報は、人びとの社会関係の回路をとおして、初めて効果を発揮するというんだからね。ラザースフェルドは、その意味で、人間にとっていかに普段の日常的な社会関係が大切かを再認識させたんだ。もともとは亡命ユダヤ人の社会主義者だったラザースフェルドの、隠された心情がここにあるのだとぼくは思うんだよ。

ナニ　強力効果理論は、ナチスのプロパガンダのような悪だくみを二度と繰り返させてはならないという警戒心をもち続けるのに、とても意義があったと思うの。でも、それは一方で、マスメディアに対するわたしたちの無力を強調してしまう。でも、ラザースフェルドの限定効果理論は、メディアの影響力神話に疑問を感じ、ふたたび日常の人間関係の重要さを教えてくれたように思うよ。

教授 ただし、最後に言っておきたいんだけれど、このラザースフェルドの二段流れ理論が登場したとたん、広告業界ではオピニオン・リーダーに焦点を合わせた新手の広告戦略が工夫されるようになったんだ。広告業界と消費者のいたちごっこは、永久に終わらないのかもしれないね。

ナニ うーん、なるほど。

今週もなかなかためになるお話でしたね。みなさん、いかがでしたか?

この番組は、「ロシア伝統のスイーツを伝えて九〇年」モロトフ・チョコレートの提供でお送りしました。

第三回　テレビがすべてを変えた

――強力効果の復活――

ナニのラジオ番組が始まって三週目がやってこようとしていた。リスナーからの反響はまだ鈍い。いや、正直にいうと、電話もかかって来ないし、メールも来ないし、もちろんはがきも、なーんにも来ない。あれほど、気負って始めたのにね。なんだかがっかりしちゃうというか、気が抜けちゃうというか。

そんなとき、テレビ局が取材にやってくることになった。それも、キー局でお昼過ぎの時間帯に放送してる情報番組で取り上げてくれるっていうの。人気お笑いタレントがレポーター役でやってくるんだって。「すごい！　やった！」と喜んでいたら、実は、ヤンさんがテレビ局や新聞社に、大学生がキャスターをする新しい番組が始まるって同報メールで知らせてくれていたんだって。知らなかったよ。こういうのをパブリシティ*っていうんだ。

番組収録にあわせてやってくるのかと思ったら、テレビ局の都合で別の曜日にカモメＦＭのスタジオでインタビュー撮りをすることになった。その日は、ゼミの授業があったんだけれど、ナニはわざわざ取材に来てくれるんだからとスタジ

パブリシティ
(publicity)
企業や行政などの組織が、自らの組織活動にマスメディアの理解を創出するために行なう情報提供活動。

オで待っていた。やってきたテレビ取材クルーは、四名。レポーター役のお笑い芸人、カメラマン、吊りマイクをもったビデオエンジニア、*そして、ディレクター。その、とっても要領よさそうで、場慣れした感じの三〇歳半ばと思われるディレクター氏に名刺を差し出して、ヤンさんが今回の番組について説明をした。ヤンさんは、テレビの取材クルーに便利なように、今回の番組について過不足なくまとめた見ひらきの資料を準備していた。これが俗に言うプレスリリースってやつね。

一方、テレビ局のディレクター氏は、そんな真面目な説明より、ナニのような一見かわい子ちゃん風の女子学生が硬派なラジオ番組のキャスターをやってるところにばかり興味があるようだった。照明用のライトのセットが終わり、カメラマンがスタジオ風景を別撮りしている間、ヤンさんの説明を適当に受け流したディレクター氏は、お笑い芸人と二人でナニのところにやってくると、ナニに、こんな質問をするから、こんなふうに答えてほしいとしきりに注文を付けてきた。ディレクター氏は、すごく丁寧なことば遣いにもかかわらずずいぶんと馴れ馴れしい

ビデオエンジニア
制作プロダクションや放送局で、映像音声機器の調整、設定、映像編集などにたずさわる職種。VEと略される。

態度で、取材にかこつけて、ナニの電話番号をきいたりした。ナニは、肝心なことを伝えてくれるのか心配になってきた。そして、だんだんむかついてきた。その不安とむかつきは、ディレクター氏がナニをますますかわい子ちゃん扱いするにつれて、ナニの中でふくれあがっていった。

打ち合わせが終わってインタビューの収録に入ろうとしたとき、ついに、そのハプニングは起こった。ナニが首に巻いていた白いタオルをそのディレクター氏が「そのカッコ悪いタオル外してもらえない?」って、こともなげに言ったからだ。紺田さんからもらった大切なタオル。

ナニはぶち切れた。「このタオルが何を意味するのか知らないの? よりによってカッコ悪いタオルとはなんて言いぐさなの。このタオルがカモメFMのシンボルだってことを知らないってわけね。取材に来るんだったら、せめてそのくらいの予備知識をもって来るのがテレビってもんじゃないの? 黙っていたらいい気なもんね。そんじょそこらの女子学生じゃないのよ、わたしは。ホノルル帰りのナニっていうの。覚えておきな。」

そういうが早いか、ナニは、手を伸ばして、吊りマイクのウインドジャマー*の毛を思いっきりむしりとった。その雑音に驚いてヘッドフォンをあわてて外そうとしたビデオエンジニアの横をすり抜けざま、ディレクター氏のカッコつけた短靴の上から、その華奢そうな足を思いっきり踏んづけてやった。飛び上がるディレクター氏。それを無視して、ナニは、お父さんから誕生日にもらったエルメスのスカーフより大切なタオルをきりっと首に巻き直して、決然とその場を後にしたのだった。

次の日、ヤンさんから電話があった。さすが肝の据わったヤンさんのことだけあって、ぜんぜん怒ってなかった。ヤンさんのいうには、テレビ局、いや正確に言うと下請けの制作会社から、双方に誤解があったことは大変残念なことで、あらためて取材をお願いしたいと事実上の謝罪があったんだって。それで、インタビューを撮り直すことになった。カモメFMには、前とは違うディレクターがやっ

ウインドジャマー
風切り音を出さないためにマイクに被せる風防。

てきて、はれ物に触るようにナニのインタビューを撮影していった。

しかし、今度こそ、きちんとしたインタビューにしたいと思っていたナニの期待は見事に裏切られた。テレビに映ったナニは、キャピキャピの女子大生以外の何者でもなかったからだ。そして、首に巻かれた大切なタオルは、アップショット*によってトリミング*され、テレビ画面からはすっかり消されてしまっていた。

ただ、面白いことに、大学ではナニはそれから一週間、時の人になった。「テレビ見たよ」って声を掛ける友人や職員が少なからずいたからだ。そして、ナニの番組がテレビで紹介された次の週に、初めて番組に反響のメールが届いた。ナニは、嬉しかったって？ いや、とても複雑だった。だって、そのメールには「ラジオでは声だけなので、どんな感じの子なのかなって気になってたけれど、テレビで見たら思ってたよりカワイイんだね」とかなんとか、そんな中身のないメールだったんだもの。

そりゃ、聴いてくれないより聴いてくれる方が嬉しいけれど、ナニは、アイド

アップショット
人体を撮影する際の基本ショットで顔面のみを撮影するショット。他に、全身を撮るフルショット、膝上を撮るニーショット、腰上を撮るウエストショット、胸上を撮るバストショットがある。

トリミング
(trimming)
画面から余分な部分を取り除き、重要な部分を強調すること。

ルじゃないんだよ。いったい何を考えて聴いてるんだろう。それにしても、テレビってなんでもテレビ向けのスタイルにはめ込まないと気がすまないんだね。うんざりだよ。

◆マイク・オン

ナニ　はーい、みなさんお元気ですか。今週も、「ナニの連続ラジオ講座・メディアってなに?」の時間がやってきました。今回は第三回、「テレビがすべてを変えた――強力効果の復活――」というテーマでお伝えします。今週も先週にひき続き、スタジオにはお話をしてくださる教授をお招きしています。教授、よろしくお願いします。

さて、先週のお話では、資本主義の本場、アメリカでは、営利事業としてラジオがめざましい発達を遂げた。でも、ラザースフェルドは、人びとはけっして単純にマスメディアの伝える情報に直接的に影響されるわけではないという事実を明らかにしたというお話でした。でも、そんな状況が、テレビの出現によって大きく変わっていくのですか?

教授 そうなんだよ。テレビ放送が始まり、テレビが家庭に入ってくると、それまでのラジオとは違って、テレビは視覚と聴覚の両方を刺激する感覚系メディアだったから、人びとの生活や感じ方に圧倒的な影響を及ぼすようになっていった。聴覚だけのラジオなら、人びとはラジオを聴きながら何かをすることができるだろう。そして、ラジオは音しか伝えないから、リスナーは実況音とアナウンサーの声をたよりに、何が起こっているんだろうかと考えたり想像で補ったりして、情報を受け取っていく。ところが、テレビでは見たとおりのままなんだ。想像したり、考えたりする余地がほとんどない。その上、ずっと見続けなければならない。人間は見ながら何かをするということができない動物だからね。マクルーハン*という学者は、テレビを、ラジオとは決定的に異なった知覚体験を人間にもたらすクールなメディアだと指摘しているけれど、そのとおりだよね。

ナニ　クールなメディアか。「クール」にはHe is a cool guy. なんて言う場合、カッコいいって意味もあるよね。

教授　ぼくも若いときはそんな言い方されてたんだけどね。
話を戻して、テレビの歴史は、ナチスが政権を握った一九三〇年代のヨーロッパに始まるんだ。最初の実験放送はイギリスのＢＢＣ*が行なうんだけれど、実用の定期放送を始めたのはドイツだった。一九三六年のベルリンオリンピックを中継したんだ。日本では、一九三九年にＮＨＫが公開実験放送を行なっているよ。ここでも、一九三〇年代がメディアの発達にとってどんな

ハーバート・マーシャル・マクルーハン
(Herbert Marshall McLuhan)
一九一一～八〇年。カナダ出身の文明批評家、メディア研究者。主著に『グーテンベルクの銀河系』(一九六二年)『メディア論』(一九六八年)など多数。

ＢＢＣ
(The British Broadcasting Corporation)
英国放送協会。イギリスの公共放送局。

に画期的な時代だったか分かるけれど、やはり、本格的なテレビの普及は戦争が終わってからだった。

テレビの世帯普及率は、日本では一九六二年に五〇パーセントに達し、その後も、順調に伸びていって、一九七八年には、ほぼ日本の全世帯がテレビをもつようになった。このような事態は、日本だけじゃなくて、先進国すべてに広く共通する現象だった。いや、先進国だけじゃなくて、開発途上国も同じだった。年齢や性別、貧富の差もほとんど関係なかった。いやフィリピンでの調査では貧しい都市スラムの方がテレビ普及率は高かったというデータさえあった。こうして、人類すべてがテレビに夢中になっていったんだ。

テレビが普及すると、人びとの生活スタイルや行動時間に変化が起こった。たとえば、一九五〇年代の半ばにテレビ放送が始まったアメリカ中西部のある田舎町では、こんなことが起こった。まず、人びとが夜の会合に参加しなくなった。その町の教会では日曜以外に水曜の夜にも礼拝を開いていたんだけれど、誰も礼拝には来なくなった。みんなテレビを見るようになったんだ。次に映画館やダンスホールなどの社交場がすたれていった。一方、町の人びとのファッションが都会風になり、商店では、テレビで宣伝された食品や日常品ばかりが売れるようになった。理髪店や家庭での会話がテレビ番組の話題で独占されるようになった。調査インタビューに答えたある主婦は、テレビの影響をこう語っているよ。

「子どもがテレビドラマの会話をまねて困ります。学校にいくとき、『ヘイ、ベイビーいってくるぜ』なんて言うんですよ。」

こうして、ラジオは急速にその影響力を失っていき、テレビが生活の中心に躍り出るようになっていったんだ。

ナニ　ナニが生まれたときには、もうテレビがあって、ナニの子ども時代の思い出はそのときやっていたテレビ番組の記憶と結びついている。だから、テレビのなかった時代があったなんて、想像できない。でも、もしテレビがない生活に突然テレビがやってきたら、それって大事件だったと思うな。

教授　テレビに限らずメディアの普及率は、何か特別のビッグな国家的イベントがあるときに、ドーンと伸びるというパターンがあるんだ。たとえば、明治時代の日本で、新聞の購読率が伸びたのは、日清・日露の戦争のときだった。テレビについても、たとえばイギリスでは一九五三年のエリザベス女王の戴冠式がそうだったし、日本では一九五九年の皇太子の結婚式パレードがそうだった。また、カラーテレビの普及には、一九六四年の東京オリンピックが関係している。

　とりわけテレビは、こういう特別なイベントにとって、欠くことのできないメディアなんだ。エリユ・カッツ*という社会学者は、こういうメディアをとおして繰り広げられる壮大なイベントを、メディア・イベントと呼んでいる。

エリユ・カッツ
(Elihu Katz)
一九二六年〜。アメリカの社会学者。イスラエル政府に招聘され移住。主著にMedia Events (1992)、『パーソナル・インフルエンス』(ラザースフェルドとの共著) など。

カッツによると、メディア・イベントでは、ふだんの放送が中断され、生中継が行なわれ、厳かな雰囲気が演出される。つまり、非日常性、同時性、荘厳性の三つの要素を兼ね備えたイベントなんだ。そして、そのイベントでは、たいがい、偉大な人物が、誰の指図も筋書きもなく行動することによって、最後に、人びとに和解をもたらすのだという。だから、メディアをとおしてイベントを見守る人びとは、事態のなりゆきにハラハラさせられるスリル感、ある種の儀式的な陶酔感、そして、こんなすごいイベントはすべての人が観なくちゃいけないという規範意識をもつようになってしまう。

カッツは、一九二六年生まれのユダヤ系アメリカ人なんだけれど、先週お話ししたラザースフェルドと一緒に、すぐれたメディア研究をたくさんした人だ。でも、熱烈なシオニスト*で、年をとってからイスラエルに移住して、テルアビブのヘブライ大学の教授になった人なんだ。息子さんはイスラエル陸軍の戦車隊長として中東戦争を戦った。ぼくは、カッツがメディア・イベ

シオニスト
(Zionist)
ユダヤ人の祖国回復運動であるシオニズムに共鳴する人のこと。

ント理論を研究した背景には、愛国者だったかれのことだから、壮大な国家の行事なんかにひかれる部分があったように思うんだよね。

メディア・イベントには、オリンピックやサッカー・ワールドカップのようなスポーツ・イベント、アポロ一一号の月面着陸*、皇室の結婚式や大統領の就任式などが含まれる。こういうイベントでは、たいがい特別番組が編成され、どのテレビ局でも同じ中継映像が放送され、どのチャンネルも全部そのイベント一色になってしまう。こういうことは、もっともテレビらしい出来事だよね。テレビの衛星中継技術が発達して以来、このようなメディア・イベントは一つの国や地域だけでなく、世界中を巻き込んでしまうような地球的規模に膨らんでいった。こうして、テレビというメディアの絶大な影響力の前に、ふたたび人類が圧倒されてしまう時代がやってきたんだよ。

ナニ　でも、先週のお話で、ラザースフェルドの研究によれば、メディアの影響

アポロ一一号の月面着陸　一九六九年にアメリカが打ち上げた宇宙船アポロ一一号が月面着陸に成功した。その模様は世界中にテレビ中継され、数億人の人びとが視聴した。

力は限定的なものだって言うことじゃなかったの？　それとも、テレビ時代になって、メディアに対する人間の性質が根本的に変わってしまったのかしら？

教授　いや人間が根本的に変わってしまったわけじゃない。しかし、人間を取り囲むメディアのあり方が、質と量の二つの面で大きく変化したんだ。まず、テレビ放送網が全国を網羅するようになっていった。最初は都市部だけをおおっていたテレビ電波は、地方都市へ、さらに農村や漁村、離島など全国をネットワークに組み込んでいった。テレビから得られる情報という点だけを見れば、都市と田舎の差はほとんどなくなってしまった。また、受像器の大量生産の結果、所得にかかわりなく、ほとんどすべての世帯がテレビを購入することができるようになった。さらに、一人一人がテレビをもつこともできるようになった。そして、撮影技術や中継技術の発達で、あらゆる種類の出来事をテレビ放送することができるようになった。

人間は、テレビによっていつも包囲されるようになってしまったんだ。昔は、メディアは人間にとって情報を入手するための間接的な手段に過ぎなかったのに、今では、逆に、テレビをはじめ、さまざまなメディアが人間の生活空間の全体をおおいつくすようになってしまった。

たとえばね、昔の人は、明日の天気を知りたければ、夕方、西の空を眺めて、美しい真っ赤な夕焼けが見えたら、「ああ、あすはきっと晴れだね」と考えた。つまり、直接の環境に接することで情報を得ていたわけだね。ところが、メディアが発達すると、毎朝、目が覚めるとテレビをつけ、気象情報を見て今日の天気を知るんだ。つまり、環境に直接的に接するより先に擬似的な環境としてのテレビから情報を得てしまう。こうなると、まるで擬似的な環境であるはずのメディアが、わたしたちにとって、直接の環境と同じようになってしまう。リップマン*という研究者は、このような変化を擬似環境の環境化と呼んだ。

ウォルター・リップマン
(Walter Lippmann)
一八八九〜一九七四年。アメリカのジャーナリスト、政治評論家。主著に『世論』(一九二二年)『幻の公衆』(一九二五年)ほか多数。

ナニ　つまり、テレビは生活の一部なのではなくて、テレビこそが生活の中心になってしまって、テレビをとおしてしか人びとは出来事に接することができなくなってしまったということね。たとえば、朝はテレビに起こしてもらい、テレビの番組の時間にあわせて食事をして、朝の連続テレビドラマの主人公が失恋したら、まるで親友のことのように一日中気になって仕方がないなんて。とにかく、一日の大半をテレビとともに暮らしてしまうわけね。

教授　そうだね。他にも、たとえば政治家はテレビ映りを第一に気にするようになり、髪の毛を染めたり、こっそりプチ整形をしたりするようになったしね。それに、テレビで取り上げられる社会問題は、視聴者に分かりにくくて説明に時間のかかるテーマはさけられ、単純で短い時間にパッとコメントできることばかりが取り上げられるようになっていった。テレビ番組を作る側も、見る側も、無意識にテレビというメディアの特性にあわせて考えたり生活したりするようになっていったんだ。テレビはこうして圧倒的な影響力を示すようになった。

　このような状況の中で、一度は後退した強力効果論がふたたび形を変えて復活してきた。メディアの影響を考えるとき、これまでは、強力効果論も限定効果論も、いずれも、放送されてから影響を与えるまでの時間を短く考え、また、放送する側が意図した効果や影響があったかどうかを議論し、さらに、受け手の意見や態度が変わったかどうかを判断の基準にしていた。でも、テレビの圧倒的な影響力を考えるとき、もっと広い範囲の影響を考えなければならなくなったんだ。

　たとえば、テレビは、放送局が意図するかどうかにかかわらず影響を与えることがあること。つまり、無意識のレベルの影響があること。また、短期的な影響だけでなく、長い時間にわたって蓄積するような影響もあること。

さらに、表面的な意見や態度の変化ではなく、視聴者の感じ方や考え方の基準を変えてしまう影響もあるということなんだ。

ナニ　テレビが登場して、メディアの影響力についての考え方が突然変わってしまったわけね。

教授　いや、突然変わったというと言い過ぎだよ。限定効果理論が支配的だったころでも、メディアの影響力について、深い考察をしていた研究者もいた。その一人が、エリザベート・ノエル＝ニューマン*という女性の研究者だ。彼女は、マスメディアがどのようにして影響力を人びとに及ぼしていくのかを説明するのに、沈黙の螺旋《らせん》理論*というとても説得力のある理論を考えついたんだ。この沈黙の螺旋理論では、マスメディアが人びとに影響を与えていく過程がつぎのように説明されている。

エリザベート・ノエル＝ニューマン
（Elisabeth Noelle-Neumann）
一九一六～二〇一〇年。ドイツの政治学者。ナチスを批判するジャーナリストとして戦時下を生きる。主著に『沈黙の螺旋』（一九七四年）など。

沈黙の螺旋理論
（the theory of spiral of silence）
メディアが同調への社会的圧力となることで少数派に沈黙を強い、その結果、世論を誘導していく過程を説明する理論。

まず、人びとは一般的に、自分の意見を他人に表明するときに、今、世間ではどんな意見が優勢なのかをチェックする傾向がある。そのとき、もし自分の意見が世間で優勢だったり多数派だったりすると、自分の意見を表明する積極性が増す。しかし、逆に、劣勢だったり少数派だったりすると、意見表明を控えてしまう。

ナニ　「物喰えば、くちびる寒し秋の風」ってわけね。

教授　それを言うなら、「物言えば、くちびる寒し」でしょ。

その優勢か劣勢かを判断する基準となるのが、マスメディアだというんだ。マスメディアの中で、ある特定の意見が多数派で優勢だと示されると、少数意見をもつ人びとは、自分の意見を表明しなくなり、マスメディアと同じ意見の人は自分の意見をどんどん表明していく。すると、ますます少数派は意見を言わなくなり、それがマスメディアに反映されて、ますます多数派の意見が声高に叫ばれるようになっていく。

螺旋という言葉を使ったのは、一度マスメディアの中で特定の意見が優勢になると、それが増幅されていくからだね。マスメディアは、こうして人びとが自分の立場を選んだり意見を表明したりする自由を妨げてしまうというんだ。

ノエル＝ニューマンがこの沈黙の螺旋理論を考えるようになった背景には、彼女の戦争中の体験が深く関係しているんだ。彼女は、一九一六年にドイツの首都だったベルリンに生まれた。彼女の両親はナチス党員だったけれど、彼女自身は社会主義青年同盟に参加したこともあって、ナチスとは一線を画していたと言われる。ナチスが政権をとった後、彼女はアメリカに留学して、ミズーリ大学で新聞学を学び、その後ふたたびドイツに帰ってジャーナリストとして活躍したんだ。

彼女は、新聞紙面で公然とナチスを批判する記事やコラムを書いた。ほかの多くのジャーナリストがナチスを支持したり、また、沈黙を守ったりしていったのに、ナチスを批判し続けることは、とても勇気のいることだったろうね。だから、彼女は、ナチス批判のヒーロー、いやヒロインと言われた。なぜナチス批判をする彼女が逮捕や弾圧を免れたかについては分からない。一説には、彼女はナチスを批判する反面、反ユダヤの論陣もはったので、ナチスからお目こぼしをされたのだという見方もある。また、本当はヒトラーの支持者だったという説もある。

しかし、はっきりしていることは、戦時下のドイツで、彼女がいつ強制収容所に収監されるか分からない不安と戦い続けたということだ。戦争が終わった後、彼女は、この経験をもとに沈黙の螺旋理論を考案するに至ったんだ。ナチスが権力を握る前には、いろんな意見をもつ人たちがいたのに、それがどうしてまるで一つの意見しかないような状況になってしまったのかと、ノエル＝ニューマンは考えたんだろうね。ナチスが支配していた時代に、孤独と不安に耐え続けた彼女ならではの、説得力のある理論だったとぼくは思う。

ナニ　学問上の抽象的な理論も、実は、それを考えた人間の経験に深くかかわっているんだね。

教授　ノエル＝ニューマンのようにメディアの影響力を深く広く捉えようという考え方に立てば、テレビの影響もあらためて考えなければならなくなる。たとえば、テレビが善悪の判断基準を提供することもある。ワイドショーなどを見ていると、容疑者の両親が無理矢理にテレビカメラの前に引っ張り出されて、レポーターにお詫びのコメントをしているようなことがあるよね。法律的には、親は犯人とは別の人格だから、罪に問われることはないのに、テレビはそれを許さない。このように、テレビは法律とは別の基準で善悪の判断を視聴者に刷り込んでいるんだ。また、テレビは知らない間に、視聴者にある種の価値観を植え付けることもする。たとえば、テレビCMの中で、家事をする人がいつも女性だったとしたら、それを見続ける視聴者、とりわけ子どもは、気付かない間に、家事は女性がするものという認識を育ててしまう。これをメディアの培養理論*という。

ナニ　培養理論。ようするに、きのこを培養するみたいに、テレビが人間の価値観や善悪の感覚をじわーっと育ててしまうわけね。

教授　そうだね。政治的な分野では、こんなことも指摘されている。

民主主義社会のテレビは、意見が分かれている政治的な問題について、特定の政党だけの意見を支持するような報道はしない。報道機関は中立的であるという原則を守ろうとするし、また、番組を作るときは、いろいろな政治的立場の意見を広く取り上げるよう気配りするからだ。しかし、テレビが何

培養理論
(cultivation theory)
G・ガーナーとL・グロスが七〇年代に提唱した理論。テレビの長期に及ぶ効果として、子どもの態度や嗜好の形成に影響を与えるという理論。

をテーマに取り上げるかについては偏りがある。つまり、今、何が問題で、何を議論すべきかという議題については、テレビが一方的に決めてしまうことがある。

たとえば、二〇〇五年の総選挙では、自民党党首の小泉純一郎さんが「郵政民営化*」を争点に衆議院を解散して、総選挙を行なった。そのとき、野党第一党の民主党は、「年金問題」を争点に選挙戦にのぞんだ。テレビは、たしかに郵政民営化については、与党の意見も野党の意見も公平に報道した。そして、野党が争点にした年金問題についても、与党の意見と野党の意見を公平に報道した。

しかし、決定的に違っていたのは、テレビでは、小泉さんのパフォーマンスに関心が集中して、郵政民営化問題の方が、放送時間でも放送回数でも、圧倒的に年金問題より多かったことだ。すると、テレビを観ている人びとは、この選挙で議論するべき議題は郵政民営化問題だと思いこんでしまった。そ

郵政民営化
日本における郵政三事業である郵便、簡易保険、郵便貯金を民営化する政策のこと。

の結果、郵政民営化以外のテーマを訴えた野党候補はつぎつぎに落選してしまった。

しかし、選挙が終わった後、冷静に考えてみれば、郵政民営化問題が年金問題より重要な課題だったといえるだろうか。今から考えれば、あれほど大騒ぎしたのは、テレビの影響以外に考えられないだろう。実際、選挙後に行なわれた世論調査*によれば、テレビを長く見ていた人ほど、自民党候補に投票する傾向があったという。テレビは、意見を変えることはしないが、何を議論すべきかという議題を設定するのに影響力を発揮する。これをメディアの議題設定機能理論*というんだ。

ナニ 気が付かなかったよ。テレビはわたしたちが気付かないうちに、私たちの心の深い部分に大きな影響を与えているのね。ふだん何気なく見ているテレビだけれど、ただぼーっと見ていては、知らない間にテレビに支配されてしまうんじゃ

選挙後に行なわれた世論調査
二〇〇五年の総選挙時の読売新聞調査では、平日一日あたりのテレビ視聴時間が三〇分未満の層では自民党に投票したのは四〇%だったが、三時間以上の層では五七%に達した。

ないだろうか。ナチスのプロパガンダの場合は、ゲッベルスのような仕掛け人がいて周到に準備していた。一方、テレビの場合は、仕掛け人がいない場合もあるんだ。でも、だからと言って安心できないんだよね。番組を作る側も見る側も気が付かないうちに、どんどんテレビがわたしたちのものの見方や考え方に影響を与えてしまうこともあるからね。

教授　昨今の政治とテレビの関係は、テレビがもつ影響力を徹底的に利用しようとしているんじゃないだろうか。政権政党の党首が選ばれる基準は、テレビ映りがいいかどうか、メディア受けするかどうかで、リーダーシップとはほとんど関係ない。このようなテレビと政治との関係は、アメリカの大統領選挙から始まったと言われている。しかし、そのテレビ政治の本家でもあるアメリカで、政治とメディアの関係に大きな変化が生まれつつあるんだ。それは、インターネットの急激な発展と関係している。膨大な資金を使って

議題設定機能理論
（agenda-setting function theory）
M・マッカムとD・ショーが提唱した理論。メディアが報道する話題と人びとが重要であると考える話題との間に相関性があることを示した。

テレビで政治広告をする政治家がいる一方で、ユーチューブ*のようなインターネットの動画サイトを利用して演説を流したり、メーリングリストを使って、政策をアピールしたり、ほとんどお金をかけずに、テレビを上回る支持を獲得した政治家*が現れだしたんだ。このような新しいタイプの政治家を支えるのが、インターネットに馴染んだ若者たちだ。

ナニ そうだよ。ナニ自身を振り返ってみても、テレビ見てる時間よりネットにアクセスしてる時間の方が長いもんね。きっとわたしたちが中年になるころには、テレビを見る人は年寄りだけになっちゃうかもしれない。

教授 そうなんだ。実は、テレビ事業を財政的に支えるドル箱と言ってもいい広告料収入が減少*し始めているんだ。その原因は、いろいろあるよ。たとえば、ディスクレコーダ*に録画して好きな時間にテレビを見る視聴者が増え

ユーチューブ
（YouTube）
アメリカのベンチャー企業YouTube社が二〇〇五年に設立した動画コンテンツ共有サイト。

お金をかけずに、テレビを上回る支持を獲得した政治家
二〇〇八年のアメリカ大統領選挙で、民主党候補者バラク・オバマは、インターネットのソーシャル・ネットワーク・サービス（SNS）を駆使した選挙戦術で短期間に支持と資金の獲得に成功した。

テレビ広告料収入が減少
二〇〇七年の経済産業省の調査で、広告売り上げ高の前年比を見ると、テ

続けていることもある。かれらは録画された番組をCMを飛ばして見るからね。企業はテレビ広告の効果がどんどんなくなりつつあることに気付き始めている。反対に、インターネット広告がどんどん拡大*しているんだ。かつてテレビがラジオや映画にとって代わったように、インターネットがテレビにとって代わる時代がそこまでやってきているのかもしれないね。

ナニ　そうか、テレビの終わりが、始まっているのかもしれないってわけね。そんな時代の中で、わたしたちは、どうメディアと付き合っていけばよいのだろうか。これからのシリーズで考えていきたいと思います。来週も、ぜひ聴いてね。

この番組は、「ロシア伝統のスイーツを伝えて九〇年」モロトフ・チョコレートの提供でお送りしました。

レビ広告は、新聞と並んで、六・五％の減少を示している。

ハードディスク・レコーダ (harddisk recorder)
テレビチューナーを内蔵し、かつデジタルビデオ映像を記録、再生する大容量ハードディスクを搭載した情報家電。

インターネット広告が拡大
二〇〇七年の経済産業省の調査で、広告売り上げ高の前年比を見ると、インターネット広告は一五・一％の伸びを示している。

第四回　メディアが現実を作りだす?

——擬似イベント、ヴァーチャル・リアリティ、ハイパーリアリティ——

ある日、カモメFMに神戸のコミュニティFM局のスタッフたちが訪ねてきたの。災害が起こったとき、コミュニティラジオがどんな活動をしたのか、経験を交換しようというわけ。神戸も、一九九五年に阪神淡路大震災という大きな災害を経験しているでしょ。カモメFMと同様に、災害についてはとても関心があるのよ。プロデューサのヤンさんにお願いして、その交流会の隅っこにナニも座らせてもらった。言っておくけれど、神戸みやげのフロインドリーブ*のクッキーがお目当てだったわけじゃないよ。

神戸の局を代表してやってきた、巨体だけれど優しい目をしたお髭のプロデューサ氏と長い黒髪が素敵な野生系美女のディレクターさんは、とてもいいコンビだった。後のパーティで聞いたら婚約者だったの。職場恋愛なんだ。そんな二人が報告してくれた話の中で、大震災が起こったときのテレビ報道についてのお話はとても興味深かった。普段、テレビは世の中の出来事の全部を見せてくれるって思っていたけれど、地震が起こったとき、それがウソだって分かっていったというの。

フロインドリーブ
一九〇七年にドイツパン職人ハインリヒ・ブルクマイヤーが創設した神戸の老舗ベーカリー。

ナニにとっては目からウロコ。それはこんなお話だった。

一九九五年一月一七日明け方、阪神・淡路をおそった地震*は、六千を超える人命を奪い、大きな被害を出した。最初の震災ニュースはテレビからだった。地震が発生したとき、ただ一つ生放送をしていた地元局は朝日放送（ABC）だった。地震のため、放送は数分間中断したけれど、すぐに回復。ADEESという自動速報装置から「東海地方に地震、震度、岐阜四」と最初のテロップが流れた。でも、おかしいでしょ、震源地は神戸なのに。その理由は、各地のデータの到着時間差のため、機械が震源地を間違えてしまったらしい。

でも、しばらくして、震源地は「関西」であると訂正が入り始めた。それでも、最大の被災地が神戸だとは伝えられなかったの。その原因は、NTT専用回線が不通になり、神戸海洋気象台の震度情報が送信されなかったから。その結果、テレビ画面の震度マップから神戸の震度が消えていた。テレビを観ていた人は、周辺の震度にまどわされ、肝心の神戸のデータが消えていることに気付かなかった。

阪神・淡路をおそった地震
一九九五年一月十七日に発生した兵庫県南部地震。この地震による大規模災害で、六、四三七名の死者と四三、七九二名の負傷者を出した。

その後、「神戸は震度六」の速報が全国に流れた。ところが、それを具体的に見せる神戸の映像が入らなかった。神戸ではテレビ局も被災して、映像なんか送れなかったの。具体的な映像がないから、「神戸震度六」の情報もいつのまにか取り消されてしまった。被災地では、たくさんの人たちが命の危機に直面していたのに、テレビの中では、軽い被害のイメージが広がっていったの。

神戸から最初の映像が送信されたのは、地震発生から二時間が過ぎた六時五〇分だった。最初に送られた映像は、NHK神戸放送局の室内を映した自動録画。民放も同じようなものだった。でも、地元大阪の各局は、直感的に関西が中心だと思った。関西テレビ（KTV）は、地震発生後数十分、テレビクルーを大阪の街に出したの。ところが、取材できた映像はイマイチだった。で、逆に被害を小さく見せてしまった。悔しかったよね。ポートアイランドという埋め立て島にある地元神戸のUHF局サンテレビは、連絡橋が壊れて職員が出勤できず映像を送り出せなかった。

ラジオ局は、もっと悲惨だったの。ラジオ局の大半は、大手テレビ局の子会社みたいだったから、独自取材ができず、昨夜作った、地震とは無関係なニュースの予定原稿を読んでいた。

テレビ局は混乱していた。被害の全体像がつかめない。情報網が寸断された今、気象庁や警察がくれる情報だけを放送するというふだんの体制が機能停止してしまったの。出勤途中で局員の多くが被災の現場を目撃していたのに、その情報を放送することができなかった。

八時台に入ると、多くのテレビ局が飛ばしたヘリコプターから映像が送られてきた。最初のヘリ映像は、大阪の毎日放送（ＭＢＳ）が送った淡路からの映像だったの。ＮＨＫのヘリは、大阪から西へ飛びながら映像を中継し始めた。高速道路の橋桁にバスが引っかかっている映像が全国に流れた。しかし、レポーターを兼ねたカメラマンは、ファインダーを覗いたままだったから現在位置も答えられなかったの。

さらに、ヘリからの映像はとても偏っていた。崩れたビルや倒れた高速道路など大きなものばかりにカメラが向き、小さな庶民の家が倒れていることに気が付かなかった。その家の下にほとんどの犠牲者が埋まっていたのに。

暴風とか洪水とか、これまでの災害報道では、中継車からの映像は一番被害のひどい場所を映すことが多かったから、実際の被害より大げさなものになってしまうことが多かった。でも、阪神淡路大震災では、逆に特定の現場からの中継だけでは、実際より軽く見えてしまう恐れがあったの。ところが、テレビは、中継車の数やヘリの飛行ルートなどの制約のために、中継現場をいくつかの場所に限ってしまった。その結果、「震災名所」をリレー中継するパターンになっちゃった。その上、同じ映像を繰り返したから、ふだんの災害報道に慣れた視聴者は「なあんだ、いつもと同じだ」と錯覚してしまった。

正午をまわって、テレビが伝える死者の数は百人単位で増えていった。被災地では何万人という人々が避難場所を探して街をさまよっていた。被災者がほしかったのは、水や医療など、命を守るぎりぎりの情報だった。でも、テレビにとっては、そんな被災者の個人的問題は、価値のないニュースみたいだった。刺激的な映像がほしかった東京キー局のレポーターたちは、燃え続ける神戸の街をバックにカッコよく文明批評を語ったりした。また、うるさい取材ヘリのせいで、生き埋めになった被災者の声がかき消され、救助の邪魔になったりした。そもそも、停電していた被災地では、テレビはただの箱で何の役にも立たなかった。

そして、ついに被災者のテレビへの怒りが爆発したの。現地入りした東京キー局の有名キャスターに石が投げられる事件も起こった。テレビ局には、抗議の電話が殺到したの。視聴者の厳しい反応に、テレビ局はCMを自粛。穴のあいたCM枠を埋めるために、「ゴミはゴミ箱に」みたいな空気の読めない公共福祉広告がテレビに流れた。で、テレビはますます視聴者の怒りを買ってしまったのよ。

神戸の人びとは、テレビがいかに現実とずれたメディアかということを知ったわけ。だから、地域に密着したコミュニティラジオが必要なんだけれど。でも、もう少し考えを進めてみれば、それって、震災のときだけなのかなと考えたわけ。わたしたちは、テレビが伝える情報が現実だと思いこんでいるのかもしれない。現実をテレビが伝えるのではなくて、テレビが逆に現実を作ってしまっているんじゃないか。大震災は、ふだんは気付かないテレビの素顔を人びとに認識させる貴重な機会になったんだね。

◆マイク・オン

ナニ　はーい、「ナニの連続ラジオ講座・メディアってなに?」の時間がやってまいりました。早いもので、このシリーズも今日で第四回目に入りました。この番組を聴いて、メディアについてばっちり賢くなっちゃおうね。さて、今日は、「メディアが現実を作りだす?　——擬似イベント、ヴァーチャル・リアリティ、ハイパーリアリティ——」というテーマでお送りします。さて、今週もスタジオにはゲストの教授をお招きしていますよ。さて、教授！「メディアが現実を作りだす？」っていうのは、先週教授が言っていた、テレビがどんどん普及して人びとの生活をすっぽりと取り囲んでしまったということと関係あるの？

教授 そのとおり。でも、それはなにもテレビだけの話じゃない。先週、リップマンという研究者の話をしたよね。メディアが提供する間接的な情報が、人間の生活全体を取り囲んでしまうことで、まるで直接に接触する環境のようになってしまう。これを擬似環境の環境化と呼んだんだったよね。

リップマンの議論は、その後、テレビやコンピュータなどの視覚メディアの発達が引きおこす、もっと深刻な事態を予言するものだった。なんだか映画の予告編みたいにカッコをつけた言い方をしちゃったけれど、その後メディアの世界で起こったことは、リップマンの予言をはるかに超えた事態だった。

メディアに取り囲まれただけじゃない。たとえば、最近のコンピュータを使ったヴァーチャル・リアリティ*の技術は、触覚、聴覚、視覚などの総合的な感覚を、まるで現実のように再現させることができるんだからね。コンピュータがメディアとして重要な役割を果たすようになった今日、現実のような感覚を作り出す装置としてのメディアが人間社会に投げかける問題はますます重大になってきている。

ここで、少し歴史を振りかえってみようね。二〇世紀の半ば頃、ある偉大な知識人がいた。かれは、現実の出来事をニュースとして伝えるメディアではなく、産業としてニュースを製造することで現実を作り出してしまうメディアの働きを注意深くみつめていた。ダニエル・ブーアスティン*というアメリカ人だよ。ブーアスティンは、近代的な大量生産技術によってすべてのものが、商業的に、また大量に生産されるようになると、作り出されたモノだけでなく、社会の出来事の意味や価値も変わってしまうことに気づいたん

ヴァーチャル・リアリティ
(virtual reality)
コンピュータグラフィックスや音響メディアを組み合わせることによって人工的に作り出された現実感とそれを作り出す技術の総称。

ダニエル・ジョセフ・ブーアスティン
(Daniel Joseph Boorstin)
一九一四～二〇〇四年。アメリカの歴史家、文明批評家。一九七五～八七年まで、アメリカ議会図書館館長を務める。主著に、『幻影の時代——マスコミが製造する事実』(一九六二年)『アメリカ人——大量消費社会の生活と文化』(一九七四

だ。かれはそれのことを『幻影の時代*』という本に書いた。

たとえば、海外旅行を例にとって考えてみようね。近代技術が普及する以前、たとえばキャプテンクックが世界周航をした時代では、海外旅行はいわば大冒険だった。そこには、未知の危険や予想不能な出来事が待ち受けていた。旅行家は、そんな危険や出来事に予備知識もなくぶつからざるを得なかった。しかし、近代に入って航空機や旅客船などの大量輸送手段が誕生し、電気通信やマスコミュニケーション手段が発達すると、海外旅行は、だれでもいける快適な観光旅行になっていった。探検旅行と観光旅行との最大の違いは、それが商品として販売されるかどうかと言う点だよ。観光旅行では、実際の旅行に先立って、ガイドブックなどのマスメディアが、商品つまり目的地のイメージを消費者に提供する。消費者である旅行者は、そのイメージにもとづいて、目的地を選び、旅を商品として購入することになる。したがって、目的地についたときには、その目的地がイメージどおりの商品価値をもって

年、ピューリッツァー賞）ほか多数。

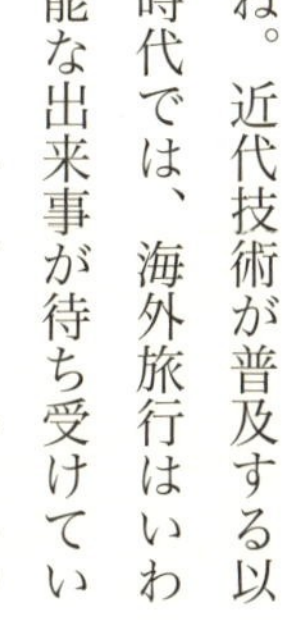

『幻影の時代』
原題 *The Image: A Guide to Pseudo-events in America* (1961)

いるかをチェックしようとする。ガイドブックと同じイメージなら、その目的地はよいところ、つまりよい商品ということになるわけだね。

でも、ブーアスティンは、本来の旅行はそんなものじゃなかったと言うんだ。未知の土地に向かって苦労の航海を続けることによって、初めて旅行者は目的地がどんなところであるのか、そのイメージをつかむことができる。それが、本来の海外旅行だったはずだ。しかし、大量生産の社会になったために、あらかじめマスメディアが作り出したイメージに現実の経験が左右されていく。ブーアスティンは、現実にさきだって、メディアによって作り出される感覚やイメージのことを擬似イベント*と名付けたんだ。

ナニ　擬似イベント？　イベントが実際に起こる出来事なら、擬似イベントはメディアをとおして経験する出来事ってわけね。それじゃ、メディアのためにあらかじめ仕組まれたイベントも擬似イベント？　政治家が「大衆の味方」の振りを

擬似イベント
(pseudo-events)
自然発生的に生じる出来事とは異なり、メディアなどを使うことによって意図的に構成された社会的出来事。

するためにわざと作業服を着て、テレビカメラを引き連れて下町の工場を視察したり、タレントの結婚式で、ワイドショーの時間にあわせてケーキカットをしたりするのも、擬似イベントなのかな。

教授 そう考えても間違いじゃないよ。ブーアスティンは、こうもいっているんだ。「世界が与えてくれる以上のものをみんなが期待している。もし世界に欠陥があるとすれば、それをおぎなうものが作り出されなければならないと人びとは要求する」とね。つまり、大衆は、メディアに対して、現実にはないような強い快感や刺激を求めるようになったというんだ。つまり、人びとは、気付かないうちに、メディアの中の世界に対して、現実よりかっこ良さを求めるようになり、印象的で刺激的な場面を必要とするようになっていった。一つ例をあげようね。デジタルカメラで撮った写真は、実際の自然より色彩が鮮やかに表現されるように計算されている。カメラメーカーは、実際の色彩よりきれいに見せるようにカメラの画像処理をプログラムしているんだ。そして、原色どおりに記録するカメラより、原色よりきれいに加工してくれるカメラの方がよく売れるんだ。この事実は、消費者が現実の世界よりメディアの中の世界により強い刺激や快感を求めている一つの証拠だよね。

ナニ　でも、現実の世界が与えてくれるよりも大きな快感や刺激をメディアに求めるようになっていけば、どこまでも欲望が膨らんでいっちゃうんじゃないかな。それって麻薬中毒みたいに止まらなくなっちゃうと思うな。

教授　メディアが、現実とかかわりなく、人びとが求める快感や刺激を与え続けるようになっていくということは、言いかえれば擬似イベントが擬似イベントを生み続け、無限に自己増殖を続けていくことを意味している。こうして、人びとの周囲には、擬似イベントがあふれ、人びとにとって、それが現実の一部、いや大半を構成するようになっていくというわけなんだ。

ナニ　なんだかおそろしい気がするよ。テレビやインターネットのウエッブの中だけで、素敵で幸福な世界にひたっているわけでしょ。それに、そういうメディアがくれる快感で一般の人たちは満足したとしても、本当は、騙されているだけじゃないかなって思うんだけれど。たとえば、政治家はテレビの中では民主的な民衆の味方として一般庶民といっしょに銭湯に入ったり、屋台でおでんをつまんだりしているでしょ。テレビを観てる視聴者は、政治家も自分も同じ人間なんだなと親しみをもつかもしれないけれど、その親しみの感覚はただの擬似イベントで、実際の政治家は祖父の代からずっと選挙地盤を受け継いでいる特権階級。一般の人たちは、そんな現実のことはあまり気にならないで、テレビに映った政治家の服装の趣味が庶民的でカジュアルかどうかとか、お辞儀の角度が深いかどうかとか、そんなことばかりに気を取られているわけ。そんなウソだらけの世界を想像しちゃうよね。

教授 そうなんだ。たしかに、ブーアスティンの擬似イベント理論の背後には、そんな擬似イベントだらけの、偽物だらけの社会はよくないという価値観が隠れている。ブーアスティンは大量生産されたものは偽物だという考え方をしていると指摘する人もいる。

一九一二年にアメリカで生まれたブーアスティンは、エール大学から博士号を受け、議会図書館の館長を務めた人だ。議会図書館の館長と言えばね、アメリカでは超一流の知識人に対してのみ与えられる地位なんだよ。それほどの知識人なんだ。余談だけれど、この人は知日派でね。日本を訪ねたときに、日本の著名な社会学者と四国巡礼*に出かけたりしている。一般的なアメリカ人には、自国にしか興味をもたない人が多い中で、ブーアスティンのよ

日本の著名な社会学者と四国巡礼
一九八六年に来日した際、放送大学教授・加藤秀俊と四国遍路を行なった。

うな知識人は例外的な存在だといってもいい。そんなブーアスティンだからこそ、大量生産大量消費される商品やサービスに対して、偽物としての強い失望感や不満をもっていたと想像できるよね。でも、かれの見方は、それ以前の古き良き時代に、一握りの特権階級のために作られたものこそ本物だという見方につながりかねない。だから、ブーアスティンの擬似イベント論は、エリート主義だと批判をする人もいるんだ。

ちょっとここで考えてみたいんだけれど、ブーアスティンの言うように、大衆向けが偽物だとしても、それならエリート向けなら本物といえるだろうか。いやそれ以前の疑問として、本物と偽物は区別できるのか。さらにもう一歩踏みこんで、そもそも本物とはいったい何のことなのか。こんな疑問が浮かんでくる。

ここで思い出してほしいのは、ベンヤミンの複製芸術についての理論だ。ベンヤミンは、複製技術によって大量にコピーされた芸術作品には、唯一のオリジナルな芸術作品だけがもっていたアウラが失われていると考えた。この理論は、わたしたちが今日のメディア芸術を考えるとき、とても重要な視点を与えてくれる。

たとえば、優れたピアノニストの演奏を聴くとき、コンサート会場で生の演奏を聴くのと、自宅のオーディオ装置でCDを聴くのとでは違う、やはりコンサートの方が本物だ、という言い分には確かに一理あるよね。でもね、ここで、こんな場合があることを考えてみたい。

ここに一人のピアニストがいた。もちろん、実在の人物だよ。グレン・グールド*というピアニストだ。かれは最初、天才的なピアニストとしてクラシック界に彗星のようにデビューし、世界各地でコンサートを開いて、絶賛を受けた。しかし、次第にコンサートを開かなくなってしまったんだ。というのも、グールドは一回限りの演奏に価値を感じられなくなってしまった。その結果、コンサート活動をやめてしまい、代わりに、レコード録音に自分の芸

グレン・グールド
(Glenn Herbert Gould)
一九三二〜八二年。カナダのピアニスト、作曲家。

術を発揮できる最高の場を見いだしたんだ。言っておくけれど、グールドは、一般大衆のためを思って、レコード制作に打ち込んだんじゃないよ。そもそも、かれは大衆嫌いだった。コンサートを嫌ったのもそのためだと言われているからね。

さあ、それでは質問。グレン・グールドの音楽では、一回性、言いかえればアウラをもっているはずのコンサートでの演奏が本物か、それとも、アウラを失ったコピーであるはずのレコードの方が本物か。ナニさんは、どう思う？

ナニ　むむむ。こんがらがってきたよ。コンサートでは本物のピアノで演奏するから、そっちが本物だとも思える。でも、グールドにとっては、レコードの方が本物だということになるよ。どっちが本物なんだろうか。分からなくなってきたよ。

教授　そうなんだ。こんがらがってるよね。ここで、もう一つ例を出そうか。東京ディズニーランド*のウエスタンランドは、アメリカにあるディズニーランド*のフロンティアランドをコピーしたものだから、ウエスタンランドは偽物で、フロンティアランドが本物ということになるよね。しかし、それでは、アメリカのディズニーランドのフロンティアランドは本物か。アメリカ史に実在した西部こそ本物だと考えれば、ディズニーランドにあるフロンティアランドはコピー、つまり偽物だということになる。しかし、ディズニーランドというテーマパークとして、そこにオリジナルな価値を認めるとすれば、それらはすべてディズニー作品として本物ということになる。

　つまり、本物か偽物かを判断する基準は、一回性でもなければ、オリジナルとコピーの区別でもない。そもそも、レコードを作ったり、放送したり、インターネットでストリームしたりなどというような、「メディア化する」行為にはそれぞれ個別の意味づけがある。つまり、メディアを作るというこ

東京ディズニーランド
千葉県浦安市に一九八三年に開設されたテーマパーク。アメリカのウォルト・ディズニー・カンパニーとの資本関係はなく、株式会社オリエンタルランドが経営している。ウエスタンランドは、アメリカのディズニーランドのフロンティアランドをまねて開拓時代のアメリカ西部の町並みを再現したテーマランド。

アメリカにあるディズニーランド
漫画家ウォルト・ディズニーがカリフォルニア州ロサンゼルス郊外に一九五五年に開園したテーマパーク。フロン

とは、本物から偽物を作ることではなく、別の新しい作品を社会に送りだすことなんだ。

ナニ　そうか。ホノルルに住んでいたとき、コリアンの友だちがいたの。キッチンでインスタントラーメンを作っていたら、その子が、コリアでは袋入りの乾麺が本物のラーメンだっていうの。でも、日本じゃ、袋入りの乾麺はあくまでインスタントで、本物のラーメンは生麺なんだよね。でも、それじゃ、コリアのラーメンが偽物かというと、それはそれで本物なんだよ。つまり、同じ袋入り乾麺でも、日本からコリアへとラーメンのレシピが変わることで、偽物になるんじゃなくて、名前は同じ別の新しい食べ物に変わるということなんだ。

教授　そのとおり。ちなみにぼくは韓国式のラーメンも好きだよ。さて、日本と韓国でラーメンが違っているのは、ラーメンに使われている食材や調味

ティアランドは、アメリカの開拓時代をテーマとして、アメリカ川を中心にビッグサンダー・マウンテンなどのアトラクションが配置されている。

料などの構成要素が違うからだよね。このように異なったラーメンが生み出されるのは、異なったレシピがあるからだよね。食材の処理方法や組み合わせ方法、調理の仕方など、その国の文化のスタイルでいろいろな料理をこしらえていく。これを記号学の視点で見ると、食材の組み合わせとしてのラーメンに当たるのがコードで、その組み立て法であるレシピがコーディング・システムということになる。

ナニ コードとコーディング・システム？ うーん難しそう。ナニ風にいえば、こういうことかしら。たとえば、ミュージシャンがブルースを歌うとする。仮にCメジャーのブルースだとしたら、ギターの伴奏は、一曲一二小節をC・C・C・C、F・F・C・C、G7・G7・C・Cの順に弾いていくよね。このとき、ギターの和音をCとかFとかG7とかの記号で表すんだけれど、この記号がコードね。でも、「C」という記号をド・ミ・ソの和音のことにしようというルールが分からないと、「C」の意味か分からない。ビタミンCかな? なんて思っちゃうかもしれない。だから、誰が決めたか知らないけれど、ド・ミ・ソをCで表すというルールがコーディング・システムってわけね。ミュージシャンなら、このコードが書き込まれた楽譜を見ただけで音楽全体が頭の中に浮かんでくるそうだけど、最近は、楽譜をインプットすればパソコンが音楽を演奏してくれるんだって。

教授 なかなかうまい説明だね。そう考えると分かりやすいね。

これをメディアに当てはめると、CDでも、DVDでも、テレビ番組でも、いやもっと広く考えて、現代の社会の中に生み出されるさまざまな情報は、すべて記号の組み合わせ、つまりコードを作り出していくことだといっていい。

フランスの社会学者のジャン・ボードリヤール*は、このように、コードとしての情報を作り出す行為全般をシミュレーションと名付けた。そして、メ

ジャン・ボードリヤール
(Jean Baudrillard)
一九二九～二〇〇七年。ポストモダニズムを代表するフランスの思想家、社会学者。主著に、『物の体系——記号の消費』(一九六八年)『シミュラークルとシミュレーション』(一九八一年)『湾岸戦争は起こらなかった』(一九九一年)など多数。

ディアによってシミュレーションされることで、本当はメディアの中の世界なのに、実在するかのように見える世界をシミュラークルと定義したんだ。分かりやすい例を挙げれば、『マトリックス』という映画*に描かれる仮想現実の世界を想像してみればいい。リップマンが指摘した環境化した擬似環境も、このシミュラークルの一つのタイプといっていいかもしれないね。

電子化されたメディア社会の中では、たんに人びとの生活がシミュラークルに取り囲まれていくだけではなくて、シミュラークルとしての感覚世界はどんどん増殖していって、人びとは、視覚や聴覚だけではなく、脳に直接刺激を与えるようなより強い感覚を求めるようになっていく。これはブーアスティンも指摘しているよね。先ほどの映画『マトリックス』に出てくるような、脳に直結された情報端子から直接脳に送り込まれるような感覚刺激と考えれば判りやすいかもしれないね。現実の世界からうける刺激をはるかに超えるような強い感覚。ボードリヤールはそのような感覚によってもたらされ

『マトリックス』
原題 The Matrix。ウォシャウスキー兄弟が監督した一九九九年製作のアメリカ映画。人類を仮想現実空間に幽閉し支配するコンピュータを相手に戦いを挑む勇士たちを描いたSF。

る知覚をハイパーリアリティと名付けた。

ナニ　ハイパーリアリティ？　超すごいリアリティ？

教授　極端な例で説明すれば、ほらヴァーチャル・リアリティの装置の中では、ものすごい速さで宇宙を移動したり、真っ赤に解けた火山のマグマの中に入っていったり、現実では到底不可能な体験をコンピュータによって実体験のようにシミュレートできるよね。このはるかに現実をこえた疑似体験によって得られる感覚や知覚のことを想像すれば、ハイパーリアリティのことがだいたい分かるかな。

そして、ボードリヤールは、さらに考えを進めて、情報や知識の電子化が急速に進む現代社会では、人間の社会生活を支えている現実感自体が、このハイパーリアリティにとって代わられようとしているのではないかと考えたんだ。そして、その考え方をさらに進めて、現実とはシミュレーションの一つの形にすぎないのではないかと考えた。

ナニ　そうか、わたしたちが現実だと思っているものは、実は、メディアによって仮想的に作り出されているものかもしれないというわけね。というか、何が現実で何がハイパーリアルなものか、現在の世の中では、もうごちゃごちゃに入り交じって、区別が付かなくなってしまっている、いや、そもそもそんな区別なんか意味なくなってるのかもしれない。

教授　ボードリヤールの有名な著作に、『湾岸戦争は起こらなかった*』という本がある。これはある種の逆説を含んだ言い方なのだけれど、アメリカが一九九二年にイラクに対して始めた湾岸戦争の際、メディアを動員してまるでテレビゲームのようなピンポイント爆撃*の映像ばかり公開して、クリーン

『湾岸戦争は起こらなかった』
原　題　*la Guerre du Golfe n'a pas eu lieu*（1991）
邦訳『湾岸戦争は起こらなかった』（塚原史訳、紀伊國屋書店、一九九一年）

な戦争を演出した。一方、イラクのフセイン大統領*もメディアを意識して、人質をとったり、自分の軍隊の強さをシンボリックに演出するような映像を流したりと、いろいろな情報操作をやった。人びとの戦争に対する現実感は、アメリカ軍の演出した「死者なき戦争」というイメージと「フセイン大統領の不屈の軍隊」というイメージの狭間で揺らいでいった。メディアが伝える戦争は、すべてシミュラークルでしかない。しかし、といって、実際にどんな戦争が行なわれているのか、何が現実なのか、それを問うことが可能なのか。

ボードリヤールは、湾岸戦争が始まる前、湾岸戦争は始まらないだろうと予想し、新聞に書いた。しかし、実際には戦争は始まった。ボードリヤールはそこでふたたびこの批評を書いた。だから、それを読んだ読者の中には、ボードリヤールは予想が外れたので、くやしまぎれに「戦争は起こらなかった」と屁理屈をこねたんだという人も多かった。でも、ボードリヤールの批評は、メディアをもう一つの戦場として戦われる現代の戦争の性質をよく見

ピンポイント爆撃
目標とする軍事施設のみ破壊することを目的として行われる爆撃のこと。絨毯爆撃の反対語。

サダム・フセイン
(Saddam Hussein)
一九三七〜二〇〇六年。イラク共和国の大統領、革命政党であるバアス党の指導者。イラク戦争でバクダッド陥落の後、逃亡したが、アメリカ軍によって発見され、特別法廷で死刑宣告の後、処刑された。

抜いていたのだと思うよ。

ナニ　でも、湾岸戦争がなかったというのは、なんだかちょっと言いすぎのような気がする。だって、実際、湾岸戦争で使われた爆弾の大半は、ピンポイント爆弾なんかじゃなくて、一般市民の頭の上から大量にばらまかれる通常爆弾だったっていうじゃない。アメリカにいたとき、イラク戦争反対の集会で、平和運動のアクティビスト*がそう言ってた。イラク戦争だって、実際の攻撃はまったくピンポイントなんかじゃなくて、誤爆をしまくってる。だから、テロリストをやっつけたと軍が発表した影には、それと同数、いやそれ以上の一般市民の犠牲があるんだって。

教授　ボードリヤールの批評に対して、湾岸戦争の実態を根拠に批判することは、かれが指摘した「シミュラークルとしての戦争」という論点を真正面

*アクティビスト　(activist)　活動家。

から批判することにはならないと思うけれど、ただ、たしかにボードリヤールの「湾岸戦争はなかった」という議論については批判があるんだ。ボードリヤールの議論がなりたつ世界は、物ごとの真実と虚偽の区別が意味をもたない世界だということになるから、たとえば、戦争や貧困の原因について、何が真実かを究明しようとする努力も無駄なことになってしまうからね。

ジャーナリズムの世界では、真実が何かを追求することが使命だと信じられてきた。しかし、今度のイラク戦争がはじまったとき、アメリカのジャーナリズムでは、まるでそんなことは無意味であるかのように、自国の軍隊にばかり身びいきした報道が目立った。そんな中でも、頭文字がFからはじまる某放送局*は、とくにひどかったんだ。その局のニュース報道の考え方は、こんな具合だった。真実と虚偽とを区別することは本質的にできない。何が真実で何が虚偽なのかは、立場によって違うんだから、アメリカの放送局は、アメリカの立場から報道すればいいんだとね。ようするに、開き直ってしまっ

頭文字がFからはじまる某放送局
ＦＯＸニュース（Fox News）二〇世紀フォックスグループの一角を占めるニュース専門のテレビチャンネル。

たんだね。ヴェトナム戦争のときのアメリカのジャーナリズム*とは雲泥の差だったんだ。

ナニ　ヴェトナム戦争のとき、アメリカのジャーナリストたちは、悲惨な戦争を現場から報道して、それがきっかけになって戦争反対の世論が盛り上がったって、父から聞いた。そんなアメリカのジャーナリスト*を尊敬したって。

教授　そうなんだ。それとイラク戦争の報道は真逆になってしまった。なぜそんなことになってしまったかについては、アメリカのメディア事情も関係している。一九八〇年代、当時のレーガン大統領の規制緩和政策*が国民の支持を集めていた。小泉元首相の規制撤廃の改革路線が大衆に受けたのと同じような感じかな。このような雰囲気も手伝って、政府の干渉を受けない独立機関であるはずのアメリカ連邦通信委員会も、規制緩和の一環として放送事

ヴェトナム戦争のときのアメリカのジャーナリズム
ヴェトナム戦争では、当事国のすべてがカメラマンや新聞記者などのジャーナリストの取材を許可したこともあって、多くのジャーナリストが従軍し、双方の側から公平に戦場の様子を直に取材し一般大衆に伝えた。

アメリカのジャーナリスト
たとえば、『ベトナム戦争』(一九六八年)を書いたジャーナリストのデイヴィッド・ハルバースタム(David Halberstam)一九三四～二〇〇七年、や写真集『ベトナム』(一九七二年)のカメラマンのデイヴィッド・ケナリー(David Hume Kennerly)などヴェトナム戦争を取材した優れたジャーナリストたちがいた。

業に対して課していた公平原則、*つまり不偏不党で客観的な報道をしなければならないという原則を廃止してしまった。その後、一九九六年には、さらに規制緩和が進み、自由にメディアを買収できるようになった。その結果、四大テレビ・ネットワークは、どんどんと大きな資本に買収され、テレビ、映画、テレビゲームなど、いろんな種類のメディアを傘下におさめるメディア・コングロマリット*と呼ばれる巨大資本が生まれていった。

アメリカのテレビは、政府に批判的な報道や社会問題を深く追究する報道機関というより、ビジネス優先、娯楽優先の情報産業としての性格をますます強めていったと言われている。イラク戦争では、当初いけいけどんどんのアメリカ軍の進撃に、一般大衆の多くが拍手喝采した。それに同調すればするほど視聴率が上がるということで、テレビは次々と政府に迎合していったんだ。

だから、ボードリヤールの湾岸戦争に対する批評は、実際の戦争をまるで

レーガン大統領の規制緩和政策
レーガン政権は発足直後の一九八一年に、歳出削減、大幅減税、規制緩和、安定的な金融政策の四本柱から成る米国経済再生計画を打ち出した。

公平原則
(Fairness Doctrine)
連邦通信委員会が一九四九年に独自に定めた規則で、「電波の希少性」を根拠に、放送内容に公平性を求める原則。八五年に行われた撤廃の背景は、多チャンネルなケーブルテレビの普及によって「電波の希少性」の根拠が失われたこと。

娯楽番組のように報道するテレビに対する皮肉として読むこともできるけれど、すべてがシミュラークルだと主張することで、真実を追求するというジャーナリスト精神の基盤をほり崩してしまったとも言えるかもしれないね。

ナニ　メディアが作り出す世界を現実としながら、わたしたちが生きているということはよく分かったわ。でも、だからといって、どんな現実でも同じことなんだと言うことにはならないと思うの。今、目の前に見えている現実をきっちりとチェックすることが大切だと思う。それは、目に見えている現実が誰によって都合良く動かされているのか、情報をコントロールすることで何が隠されようとしているのかをみやぶることなんだと思うよ。そうしないかぎり、結局、わたしたちは、自分たちにとって一番惨めな現実しか手にすることができないんじゃないかしら。

みんなどう思う？　今週はこれでおしまいです。また、来週、聴いてね。

メディア・コングロマリット
複数のメディアを集中して所有する企業複合体。現在、「タイム・ワーナー」「ディズニー」「ニューズ・コーポレーション」「ベルテルスマンＡＧ」「ＮＢＣユニバーサル（ゼネラルエレクトリック）」「ＣＢＳ」「バイアコム」の七大コングロマリットが世界のメディアの約九〇％以上を占めていると言われる。

この番組は、「ロシア伝統のスイーツを伝えて九〇年」モロトフ・チョコレートの提供でお送りしました。

第五回　マイノリティは発言する
——ジェンダー、エスニシティ、そしてメディア——

番組は順調に回を重ねてる。リスナーからの反応は、予想していたよりイマイチな感じだけれど、ヤンさんの話では、「そんなもんだ」そうなの。カモメＦＭの番組は、電波の他に、ストリーミング*という技術を使ってインターネットでも流されているから、ネットファンの中にもきっと聴いている人がいると思うって。ホントかな、それなら嬉しいけど。

番組ではずっと教授にゲスト出演をお願いしてきたけれど、そろそろ他の人も呼ぼうということになった。だって、中年のオジサンの理屈っぽい話ばっかりじゃ、やっぱ面白くないよね。ヤンさんとそんな相談をしていたとき、携帯に嬉しいメールが飛び込んできた。

金さんからのメール。金さん、アメリカ留学から帰ってきたんだ！

そうか、金さんのこと、まだ話してなかったよね。金さんは、ナニの両親ととても仲のいい女性で、ボイストレーナーの先生。ボイストレーナーってね、プロのアナウンサーとかナレーターとか声優さんとか日本語をお仕事で使う人に、正

ストリーミング
(streaming)
ネットワークを通じて映像や音声などのコンテンツを視聴するとき、データを受信しながら同時に再生を行なう技術。

確な日本語の話し方を教える専門家なの。金さんは、日本語の専門家だけれど、日本人じゃない。在日コリアンの三世なんだよ。金さんは、ナニが赤ちゃんのときからときどきお家にやってきてお父さんやお母さんと議論したり、ご飯を食べたりしてたから、ナニにとっては、おばさんみたいな人かな。いや、おばさんというより、ちょっと年の離れたお姉さんって方が当たってる。

その金さんが、アメリカのカリフォルニア大学に留学した。そこで、マイノリティ・スタディーズ*といって女性とか少数民族とか移民とか、世の中で少数派って言われて差別されたりしてる人たちのことを重点的に勉強したの。学生じゃなくてリサーチ・フェロー*という身分なんだって。だから、自由に勉強したり研究したりできるって言ってた。（金さんのことについては、『娘と映画をみて話す・民族問題ってなに?』でも登場してるから、そっちも読んでね。）

その金さんが、日本に戻ってきたんだ。金さんなら仕事を通じてメディアの事情にも詳しいし、それに、アメリカでマイノリティのことを研究してきたばかり

マイノリティ・スタディーズ
(minority studies)
一九七〇年代のアメリカにおける社会的少数者の利権拡大を反映して、各地の大学でマイノリティー研究の機運が高まってきた結果、それらを中心に担うべく誕生した新しい学科や講座。

リサーチ・フェロー
(research fellow)
客員研究員。

だから、マイノリティとメディアについていろいろとお話してもらえそう。そう思って、ヤンさんに提案した。ヤンさんも、「それはいい提案ね」と二つ返事で了解してくれて、さっそく金さんに返事を兼ねた依頼のメールを送ったの。そうしたら、電話がかかってきて、「ナニちゃんも大学生になったのね！　それに、ラジオでキャスターやってるんだって？　それじゃ協力しないわけにはいかないよね」と、二つ返事で引き受けてくれた。でも、「ついでに日本語の発声をなおしてあげてもいいわよ」って言われたのには、冷や汗かいちゃったけど。

　最近、金さんは、ブロガーとして有名になってきた。アメリカから発信するマイノリティの権利運動の新しい動きや日本の近代の歴史の中で差別されてきた人びと*の問題や現状を世界に知らせるブログ*は、英語、日本語、韓国語で書かれているの。金さんのブログには、日本の愛国者を名乗る差別主義者から攻撃が絶えない。「ブログ荒らし*」と呼ばれる攻撃に対して、金さんたちは、世界中の女たちのネットワークで反撃している。ネットは、今、マイノリティとマジョリティの

日本の近代の歴史の中で差別されてきた人びと
被差別日系。日本帝国主義による領土拡大や戦後米国の日本占領政策の結果、抑圧と排除の対象とされ、今なお社会的復権が認められずにいる人びとの総称。

ブログ
(blog)
ウエッブ・ログを縮めて使われるようになった。個人やグループで運営される日替わり的なWebサイトをさす略語。

ブログ荒らし
インターネット上の掲示板やブログなどに、目的に反する書き込みや秩序を乱すような迷惑や損害にあたる行為を継続的に行なうこと。

ぶつかり合いの場なんだよ。

金さんの話では、アメリカでも日本でも、マイノリティたちの間で、メディアに対する関心がこれまでになく高まっているの。たとえば、フェミニスト*の中では、メディアの中で女性がどんな風に表現されているかチェックする活動が進められているんだって。ほかにも、九・一一同時多発テロの後、アラブ系の人たちに対する偏見がメディアの中で広がろうとしているのに危機感をもって、メディアの偏見やイメージ操作に注意するよう呼びかける活動も広がっているらしいの。日本でも、男女共同参画社会*作りをめざして、メディアの中の、たとえばCMとかテレビドラマとかの女性の描き方を点検する活動が活発になっている。それにしても、「男女共同参画」なんて、舌を噛むような言い方だよね。「男女平等」っていえばすっきりするのにね。他方、マスメディアの側でも、差別的な表現を使わないようにしようという自主点検が行なわれているんだって。

金さんは在日コリアンの女性でしょ。今回のテーマにはぴったりのゲストだと

フェミニスト
男性中心の社会であることに気付き、その中で構築された女性の性役割から女性を解放しようとする思想をもち、行動する女性のこと。

男女共同参画社会
男女共同参画社会基本法（一九九九年施行）によれば「男女が、社会の対等な構成員として、自らの意思によって社会のあらゆる分野における活動に参画する機会が確保され、もって男女が均等に政治的、経済的、社会的及び文化的利益を享受することができ、かつ、共に責任を担うべき社会」。

思う。それに、ヤンさんも。いつもヤンさんは、ミキサー担当の裏方さんに徹してくれているけど、今回は、いっしょに番組に加わってもらって、三人で番組を進行しようっと。それに、わたしだって二重国籍のマイノリティだからね。言いたいこともたくさんあるんだ。

◆マイク・オン

ナニ 今週も「ナニの連続ラジオ講座・メディアってなに?」の時間がやってまいりました。みんな元気にしてる? だんだん蒸し暑くなってきたけれど、暑さに負けないで、番組聴いてね。さて、今週は、「マイノリティは発言する――ジェンダー、エスニシティ、そしてメディア――」というテーマで番組を進めていきます。いつもの教授にかわって、今日のゲストは、マイノリティとメディアについて詳しい金さんです。金さんは、アメリカでマイノリティ・スタディーズの研究をして、日本に戻ったばかり。マイノリティにとってメディアとは何なのか、どんな問題があるのかなどについて、たくさんお話してもらおうと思います。そして、今日は、番組のプロデューサのヤンさんにも、番組に加わってもらいます。みんな聴いてね。

　さて、金さん、最初に、マイノリティの側からメディアを見たとき、どんな問題があるのか、その辺りからお話を始めていただけませんか?

金　初めまして、金です。わたしは、エスニック*的には在日コリアンで、さらに、ジェンダー*としては女性という立場にいるでしょ。いわゆるダブル・マイノリティなわけね。まず、ジェンダー・マイノリティとしての立場からお話するわね。

　女性たちが、ジェンダーの視点からメディアの問題を考えるようになったのは、日本では一九七〇年代頃からだった。アメリカではそれ以前から、フェミニストの研究者たちが、マスメディアが描く女性のイメージに偏りがある

エスニック
(ethnic)
エスニシティ (ethnicity) とは、「民族性」の類似概念として使用される場合が多いが、正確には、共通の出自、慣習、言語、地域、宗教、身体特徴などによって一つのまとまりを保持するような集団の特性のことを指す。

ジェンダー
(gender)
生物学的な性 (sex) に対して、社会的、文化的な性を意味する概念。

と指摘していた。日本でも、マスメディアの中の女性イメージについての研究が活発に行なわれるようになったの。メディアが女性を描くとき、意識的にも無意識的にも、男性中心主義的な視点で、女性を一つのパターンに押し込めるような描き方がされていた。たとえばね、テレビドラマでは、女性はいつも受け身的で、感情的にしか振る舞うことができないとか、男性の補佐役的な立場でしか描かれないとか。ニュースや報道番組でも、幼い子どもが事故にあったりすると、きまって母親の責任だけが問われたりする。父親は仕事、母親は家事育児といったワンパターンの見方ばかりだった。現実には、男女の関係のあり方は多様なはずなのに、あたかもそれ以外のあり方は存在しないようなステレオタイプ*な描き方がはびこっていた。こういうのをジェンダー・バイアス*というの。

ナニ　バイアス、つまり日本語では偏見だよね。

ステレオタイプ
(stereotype)
職業や民族、性別など、ある特定のカテゴリーに属する人びとや事柄に対して形成された、判で押したような固定的な見方やイメージ。

ジェンダー・バイアス
(gender bias)
性差にもとづく偏見。

金　メディアの中のジェンダー・バイアスは、それ自体が女性に対する差別なんだけれど、それだけじゃなくて、そのバイアスがメディアをとおして広く社会全体に影響を与え、差別を再生産する。だから、より深刻な問題なんだという認識が広がっていったの。そして、それを直していく必要があるという声があがるようになっていった。でもね、ただメディアの中だけで、男女が平等に描かれるだけではだめで、そのようなジェンダー・バイアスが作り出される原因になっている社会の構造を問題にして、それを改革していく必要が叫ばれるようになったの。

ナニ　実際にはどんなバイアスがあったの？

金　そうね。実際にどんな表現の偏りがあったかというと、いや今でもあるんだけれど、まず、性別分業のバイアス。たとえば、あるインスタントラーメンのテレビCMでは、「わたし作る人、ぼく食べる人*」といって、女性が作ったインスタントラーメンを男性が食べるというメッセージが繰り返された。「インスタントラーメンくらい自分で作れよな！」って言いたいような気分だけど、これが社会の役割を性別で決めてしまう性別分業バイアスなの。

つぎに、らしさ固定バイアス。勇ましくてたくましいのが男らしいとか、おしとやかで控えめなのが女らしいとかいうあれね。今では、その逆になっているなんていう人もいるけれど、どんな形にしろ、特定の性格や立ち振る舞いのタイプを「らしさ」として固定してしまうバイアスがあるわけ。このバイアスには、メディアの中で「らしさ」を強調するだけじゃなくて、「らしくない」人を非難したりすることも含まれるのよ。たとえば有名な男性タレントが駆け出しの女性タレントに「おまえ女らしくないぞ」なんていうようなこと、よくあるでしょ。

「わたし作る人、ぼく食べる人」
一九七五年にハウス食品の即席ラーメン「シャンメン」のテレビCMのキャッチコピー。ボーイフレンドに即席ラーメンを作った女性が「わたし作る人」といい、そのボーイフレンドが「ぼく食べる人」と返す。

三つ目のバイアスは、女性をただの性行動の対象としか見ない、性的対象物バイアス。ポルノグラフィーはその典型だけれど、たとえば新人女性タレントのテレビ・デビューだというと、きまって水着を着せたり、胸の谷間が見えたミニスカのドレスを着せたりするでしょ。ああいうのを性的対象物バイアスというのね。

視聴者がこんなCMや番組を見せられ続けていると「ああそうか、女の子はご飯を作るのが自然で、男の子はそれを食べるのが自然なんだ」とか「アイドルタレントはエッチなことが大好きなんだ」と思いこんじゃったら大変でしょ。だからこのようなCMを作ったり放送したりしている代理店や放送局に対して、それはおかしいと批判したり、抗議したりしたの。

とくにメディアを研究する女性の学者や社会運動家たちが、声をあげていったのね。

ナニ　そんなCMや番組を作るのは、やっぱり男の人たちなんでしょ？

金　そうね。中には、男の欲望や願望に同調して、そんな番組やCMを作る女性たちもいるけれど、やはり、メディアを作る放送局や広告代理店が男性社会であることが、そんなバイアスを作り出す原因になっていると女性たちは考えたわけ。それで、男女共同参画社会への取り組みの一つとして、メディアの制作現場で働く女性の数を男性と同じくらいに増やそうという意見が主張されるようになっていったの。このような考え方をアファーマティブ・アクション*、日本語では、積極的差別是正措置と言うんだけど、難しい言い方よね。舌噛んじゃう。しかし、現実には、なかなかメディアで働く女性の数は増えていないのが現実ね。

ヤン　メディアで働く女性の数が増えることはもちろん大切だけれど、でも、

アファーマティブ・アクション
(affirmative action)
積極的差別是正措置。差別が固定されている状態を解消するため、被差別の状態に置かれている人や集団に対して有利な社会条件を政策的に誘導すること。

さっき金さんがおっしゃったように、せっかく女性がメディアの現場で働くようになっても、その女性たちが、男性の願望に応えて、せっせと性差別的な番組を作っていたらバイアスはなくならないんじゃないかしら。女性と言ってもいろいろな現実を抱えているから。たとえば、全国ネットのテレビ局なんかは、ビジネスとしてみても大企業で、給料はとてもいいし、社員はエリート大学の卒業者で占められていたり、政治家や財界人などの二世たちがコネで入社していたりすることが多いでしょ。だから、女性というだけでは、けっして庶民の生活をしている女性の立場や気持ちが分かるなんて言えない。マスメディアへの女性の進出は、ジェンダー・バイアスをなくす必要条件だけれど、十分条件じゃないと思う。

それに、マスメディアの中で、たとえばテレビドラマのヒロインが、性差別撤廃の立場から見た理想的な女性像で描かれていたとしても、現実の女性たちの生活は、けっして理想通りじゃないから、ありのままに描こうとすれば逆に理想からどんどん離れていってしまう。最近の傾向を見ていると、メディアの中ではカッコいい女性プロフェッショナルが活躍して、ジェンダー・バランス*によく配慮されているように見えるけれど、実際の社会では、一向に女性の地位は改善されていないのじゃないかしら。

金　確かに、ある番組が性差別の疑いがあるという場合、それをいったい誰が決めるのか、という問題があるの。現実的には、先進的な女性グループやフェミニズムの研究者たちが差別を指摘することが多いわけだけれど、これらの団体や研究者が指摘すると、マスメディアは一応「承っておきます」という態度をとる。でも、実際、それで放送が改善されるわけではない。また、最近はバックラッシュ*といって、フェミニズムに反感をもつ保守的なグループ*が、逆の立場からメディアに異議申し立てをすることも多い。そのような場合、いつも問題になるのは、その表現が性差別になるかどうかを誰が決め

ジェンダー・バランス
(gender balance)
性差による社会参加の不均衡を是正し、均衡を回復すること。

バックラッシュ
(backlash)
一般的には、一つの潮流に対する反動や揺り戻しを指すことば。ジェンダーにかかわる領域では、ジェンダーフリーの運動や思想に対する反動や反発を指して批判的な意味で使われる。

フェミニズムに反感をもつ保守的なグループ
たとえば、二〇〇五年三月には、自由民主党の一部の議員が中心となって「自民党過激な性教育・ジェンダーフリー性教育

るのかということなの。

ヤン　最近、いくつかの新聞社や通信社の中には、性差別表現をしないようにガイドラインを設けるメディアも現れるようになった。たとえば、共同通信社の記者ハンドブック*では、「女流」という表現は、固有名詞になっている場合以外は使わない。「女史」という表現も使わない。さらに、「女傑」「女丈夫」「女だてらに」「女の戦い」など女性を強調する表現はなるべく使わない。また、同一場面では男女の敬称をそろえるよう努めるという基準が設けられた。これ以外にも、公開はしていないけれど、内部基準として性差別表現の自粛を決めているメディアもあると聞くわ。

また、欧米のメディアでは、すでに以前からジェンダー・ニュートラル*な表現を使うようガイドラインを設けているところが多いのよ。たとえば、議長のことをチェアマンではなく、チェアパーソンというようにね。でも、こ

調査検討プロジェクトチーム」（安倍晋三座長、山谷えり子事務局長）を発足させ、ジェンダーフリーは伝統的秩序を混乱させるという主張を展開した。

共同通信社の記者ハンドブック
共同通信社『記者ハンドブック第八版』一九九七年五月

ジェンダー・ニュートラル
（gender nutral）
性差に対して中立的な態度や表現を指向すること。

のような動きに対して、「それはこの国の豊かな言葉の伝統をないがしろにする『言葉狩り』だ」との批判が、バックラッシュの一部としてくすぶっているように思う。

金 わたしの考えでは、メディアの表現がジェンダー・バイアスかどうかを決める、絶対的な基準はないと思うの。どんな表現が差別になるかは、結局、進歩派も保守派も参加した社会的な議論をとおして明らかにしていく以外にないんじゃないかな。だから議論を棚上げして、特定の表現を差別だと決めつけると、その表現だけを回避すれば差別したことにならないという誤った認識につながるように思うわ。

ところで、性差別表現の基準をだれが決めるのかという問題と同時に、もう一つ重要な問題があるの。それは、メディアにおける性差別表現を正していこうという視点には、メディアは視聴者に全面的に影響を与えるという強力効果論の前提がある。

ナニ　強力効果論。はい、この番組でも教授がその話をしてくれたよ。全面的、直接的、即時的にメディアは人びとに影響を与えるという立場だったよね。

金　そうね。この強力効果論に対する疑問が、メディア研究の中で明らかになってきた。メディアの効果はそれほどじゃないから多少の性差別表現は問題ないといった意見は論外だけれど、メディアの影響に対する別の立場が現れてきたことに注目する必要があると思うの。まず、限定効果論がそうね。でも、これについては、番組ですでに取り上げたって聞くから省略するわね。ここでは、この新しい立場の一つとして、カルチュラル・スタディーズ*という学問があるの。少し説明をさせてね。

カルチュラル・スタディーズ
(cultural studies)
一九六〇年代にイギリスのバーミンガム大学の研究者グループから始まった文化研究の潮流で、その後、世界に広がった。社会学、政治経済学、芸術論、文学理論、メディア／映画論、文化人類学などを学際的に動員して、現代の文化状況を批判的に分析しようとする研究領域。

ナニ　カルチュラル・スタディーズ？　文化の研究ということ？

金　そう。わたしたちは、メディアによるコミュニケーションについて考えるとき、これまでは、情報やメッセージを発信する送り手と、それを受信する受け手という二者を想定して、その間で、どれだけ正確に情報が伝達されたかを問題にするという立場*をとってきた。間違いなく伝達されたら問題なし、一方、誤解が生じたときはそれをノイズ（雑音）の影響として考え、ノイズの少ないメディアがよいメディアという判断をしていた。でも、そのような考え方は、文化を考えるときに有効なのかという疑問がでてきたの。ジャマイカ生まれで、イギリス在住のスチュアート・ホール*というメディア研究者は、そもそもメディアが伝える情報というものは、送り手が特定のルールに従って作りだすものだと考えた。たとえば、ニュース番組なら、まず重要な項目から順番にテロップでヘッドラインが表示され、同時に、アナ

正確に情報が伝達されたかを問題にするという立場
C・E・シャノンとW・ウィーバーの一般コミュニケーション理論（Claude Shannon, "A Mathematical Theory of Communication", *Bell System Technical Journal*, vol. 27, pp. 379–423 and 623–656, 1948.）を祖形として、それを社会的コミュニケーションに適用しようとする立場で、マスメディアの皮下注射モデルと関連する。

スチュアート・ホール
(Stuart Hall)
一九三二〜二〇一四年。ジャマイカ生まれでイギリス在住の文化研究者。主著に『カルチュラル・アイデンティティの諸問題――誰がアイデンティ

ウンサーがまっすぐ前を見ながら原稿を読み始めると、それに続いて映像が流されるといったルール。このようなルールに従って情報を発信する。これをエンコード*という。

ナニ　エンコード？

金　聞き慣れない言葉でしょ。ちょっと説明すると、情報というのは、煎じつめれば、文字や映像、音声などの記号つまりコードの集合体だから、情報を発信するという行為は、取材したことを記号化して送り出すという意味で、エンコードという概念を使うのね。

ナニ　情報とはコードだ、つまり、記号の集まりだという考え方は、先週のボードリヤールのシミュレーション論の話で、教授が説明してくれたよ。

ティを必要とするのか？』（一九九六年）など。

エンコード
（encode）
後に元の状態（あるいは類似した状態）に戻せるようにデータを変換すること。符号化。

金　そう、それなら話が早いわ。一方、受け手である視聴者は、このルールを共有しているから、ニュース番組をドラマではなくて、ニュースとして理解できる。しかし、視聴者はいつも送り手と同じルールを共有しているとは限らない。いやむしろ、違っていることの方が多い。とくに、文化や価値観にかかわるような情報については、メディアが伝える内容は、視聴者の読み取り方でまったく異なってくると考えた。ちなみに、この読みとりをエンコードに対してデコード*、あるいは脱コードという概念で表すの。

ナニ　コードが同じでも、デコードするときに、人によって違った読み方をするというわけね。

以前ハワイでこんな話を聞いたよ。あのね、日本人観光客のオジサンがワイキキのホテルにチェックインするとき、宿泊カードの記入欄に「ＳＥＸ」というの

デコード
(decode)
エンコードした情報を復元すること。復号化。

があったんだって。それで、そのオジサンは、エッチのことだと思って、「once a week」とかなんとか書いたんだって。本当は、もちろん性別を書かなきゃならなかったのに。オジサンは大恥かいたわけ。これ笑い話じゃないよ。ホントの話だよ。

金　デコードに失敗した傑作な例だよね。でも、そのオジサンちょっとかわいそうね。

さて、話を戻して、ホールは、人びとがメディアをデコードするとき、三つの読み取り方のタイプがあると指摘したの。一番目は「支配的読み」と呼ばれる読み取り方。つまり、この社会の多数派の考え方に従って読もうとすること。これに対して、二番目は「対抗的読み」。これは多数派の考え方とは、ことごとく逆の読み方をすること。

たとえば、警官隊とデモ隊が衝突したというニュースなら、警官隊の命令を聞かないデモ隊はけしからんと読むのが「支配的読み」。一方、デモ隊を弾圧する警官隊は許せないと読むのが「対抗的読み」。支配的読みは、いわばこの社会の主導権をもっている集団のイデオロギーでもある。だから、マイノリティである女性は、多数派である男性社会が作り出した支配的読みとしての女性イメージによって抑圧を受けていると考えることができる。先ほど例にあげた「わたし作る人、ぼく食べる人」というインスタントラーメンのCMでは、「家事は女がするもの」という支配的読みが行なわれると、そこで作り出された女性イメージは、現実の女性たちを抑圧すると考える。でも、一部の女性たちは、このCMに対して対抗的読みを行なうことも十分考えられる。たとえば「またこんな差別CMやってるわ。男ってみじめね。ラーメンぐらい自分で作れよな」という具合に。

ナニ　いわゆる裏読みってヤツね。

金　ただホールは、第三の読みとして、「交渉的読み」があると指摘しているの。これは、支配的読みと対抗的読みの中間にあって、いろいろな立場や意味の解釈がせめぎ合っている状態の中で、ダイナミックに作り出されていく意味解釈のこと。支配的読みと対抗的読みが現実の社会の中でぶつかって、大袈裟に言えば闘争したり、互いに意味づけをめぐって交渉したりする。だから、メディアが伝える内容は、一意ではなくて、流動的で多様だと考えたの。

たとえば、昔のテレビのメロドラマでは、ヒロインはたいがい「家庭の中で、孤独と不安を抱える、か弱い女性」ということになっていた。でも、メロドラマを見ている視聴者の女性がかならずしもこのようなヒロインに自分を同一視するとは限らない。ヒロインと恋人を取り合うバイプレーヤーの悪女役のしたたかな女性像に一体感を感じるかもしれないし、性差を超えて恋人役の男性のキャラに同一化しちゃって、男っぽさを身に付けてしまうことだってありうる。メディアは一方的に影響力を行使するわけではなく、むしろ、受け取る人びとの側にこそ解釈の主導権がある。人びとがどうメディアを読みとっているかに注目する方が、メディアの問題を考える上で重要だと考えるようになったの。

ヤン　なるほど。これまでメディアのジェンダー・バイアスを考えるとき、女性はいつもメディアによって振り回される犠牲者だというスタンスだったと思う。でもね、差別表現は問題だけれど、視聴者を自主的な判断力がない無力な存在だとする前提に立つのは、少し違和感を感じていたのよ。視聴者は、メディアに対する批判的な鑑識眼を身に付けることで、単純に騙されないように賢くなることができるでしょ。インチキ商品に騙されない賢い消費者になるのと同じことよ。そのメディアに対する鑑識眼をメディア・リテラシー*と言い換えてもいいわ。女性は弱いから政府や強い組織に守ってもらうというスタンスではなくて、女性自身が判断し自己決定できる力を獲得して

メディア・リテラシー
(media literacy)
メディアがもたらす情報を主体的に読み解き、必要な情報を入手し、その価値を評価し、活用する能力のこと。情報メディアを使いこなす能力のこと。

いくというスタンスが大切だと思うの。

金　わたしもそう思うわ。エンパワーメント*という考え方よね。

ナニ　ところで、金さんは在日コリアン*でもあるでしょ。エスニックな視点から見た場合、メディアの問題はどのように考えればいいの?

金　アメリカでは九・一一同時多発テロ以来、アラブ系住民に対する偏見や攻撃が続いてきた。移民の国アメリカでは、歴史的に新しいエスニックたちが移民してくるたびに、偏見と攻撃が繰り返されてきたといっても言い過ぎじゃない。と同時に、エスニックたちがその偏見と闘い、良心的な人びとがそれを支援するという葛藤が繰り返されてきたの。中華系だって、日系だって、コリア系だってそうよ。

エンパワーメント
(empowerment)
ラテンアメリカの先住民運動から生まれてきた概念で、抑圧された人びとが自分自身を取り戻し、力を蓄え、周囲の人びとや社会に対して積極的に影響力を行使できるような存在に自分自身を高めること。

在日コリアン
国籍を問わず日本に定住する朝鮮民族とその子孫のこと。

ナニ　アメリカ本土に日系移民が渡ったのは、一八九八年にアメリカがハワイを併合して、植民地にしたのが原因なの。併合によって、ハワイで働いていた日本人移民たちがよりよい賃金を求めて、自由に移住できるようになったアメリカ本土へたくさん一挙に移動したからよ。ところが、それがとくに西海岸の白人たちに脅威に映ったわけ。低賃金で働く日本人農民は、白人の農民を圧迫するって。

このころのアメリカには、日本人や日系市民に対する差別や偏見がいっぱいあった。日本人移民が急増した時期のアメリカの新聞や雑誌を見ると、日本人は目がつり上がっていて、前歯が飛び出していて、背が低くて、暴力的だというイメージでいっぱい。そんな悪いイメージが最高潮に達した結果、日本人が急増していたカリフォルニア州では、日本人はアメリカに絶対に同化できない人種*だというらく印がおされ、土地の購入が禁止されてしまったの。

日系人だけじゃなくて、メディアがエスニックたちに対して偏見をかき立てる

同化できない人種
一八八二年にアメリカでは移民法が改正（いわゆる排華移民法）され「帰化不能外国人」が規定された。当初は中国系移民の排除を目的としていたが、その後、日本人移民にも拡大適用された。

のはホントに困りものよね。ナニは、日本に帰ってきて思うけれど、最近、日本のテレビの一部は、コリアンや中国人に対する偏見をもっているんじゃないかと心配してる。韓国や中国国内でも日本に対する反日感情がメディアによって煽られているんじゃないかな。これはやばいと思うよ。

金　メディアが作り出すエスニック・イメージについて考える前に、考えなくちゃいけないことが一つあるの。たとえば、メディアがアジアについて報道するとき、きまって東洋というのは本質的に混沌としているとか、悠久であるとか、非合理的であるとか、西洋と対比的にイメージが語られるでしょ。でも、本当にそうなのか、それは西洋対東洋という対立を前提にして語られているんだと思う。それも、そういうイメージをアジアに対して与えてきたのは、歴史的に見ればヨーロッパの側だった。つまり、ヨーロッパの知識人やメディアは、実はヨーロッパ自体も非常に多様でさまざまな違いがあるにもかかわらず、自分たちを一つの分類項目*で捉えようとし、他方、アジアについては、これも中東から極東まで本当にいろいろな言語や文化がひしめいているのに、それらをひとくくりにして自分たちとは別の東洋という分類項目にいれてしまう。初めから、アジアは自分たちとはまったく対極の性格や特質をもっていて、それはどんなに時代が変わっても変化しない本質的な差異なんだと考える思考に陥ってしまうの。

このような思考のあり方を、エドワード・サイード*というパレスチナ出身の思想家はオリエンタリズム*と呼んで、批判したの。サイードはパレスチナ生まれだけれど、キリスト教徒で、アメリカに移住して市民権を取った人なんだよ。このサイードのオリエンタリズムに対する批判は、マスメディアのイスラム報道に対して行なわれたものだけれど、サイードの批判に共感する人びとがたくさん現れるようになって、かれの批判はイスラム報道だけにとどまらず、一つの文化に属するメディアが他の文化やエスニックたちを取材

分類項目
カテゴリー（category）、範疇のこと。

エドワード・W・サイード
(Edward Wadie Said)
一九三五〜二〇〇三年。パレスチナ系アメリカ人、文芸批評家、ポストコロニアル批評理論を確立した。主著に、『オリエンタリズム』（一九七八年）『イスラム報道－ニュースはいかにつくられるか』（一九八一年）『知識人とは何か』（一九九四年）など多数。

したり、報道したりするときにもあてはまると指摘されるようになった。

ナニ そうだよね。アメリカ映画の中で、日本の女性といえば、いつまでたっても芸者ガールだから。

金 エスニックごとに、まったく変化しない本質的な文化特性があるという考え方、これを文化本質主義*というの。さっきナニさんが言った、戦前のアメリカで日本人は絶対に同化できない人種だという決めつけもこの文化本質主義の一つの表れだよね。少数派のエスニックたちにとってみれば、このような否定的な決めつけは大変困ったことなのよ。アメリカではとりわけアフリカ系アメリカ人*に対する差別が、この否定的な決めつけ、たとえば黒人は劣等人種だというような決めつけによって正当化されてきたからね。

メディアはこのような決めつけを強化する役割をしがちだよね。そこで、

オリエンタリズム
(orientalism)
もともとは東洋美術に対する異国趣味の総称だったが、サイードによって、西ヨーロッパによって作られた、芸術、文学、歴史学、社会学、人類学などの広範な学術文化の中に現れる「東洋」に対する、固定化され、劣等視されたイメージをさす意味が加えられた。

文化本質主義
(cultural essentialism)
人間の文化的な特性を自然法則のように不変なものとみなす考え方。

このような否定的な決めつけに対して、マイノリティたちがどのように対抗してきたかを考えてみようね。マイノリティたちの戦略の一つは、多数派からの否定的な決めつけに対して、逆に肯定的なイメージを強調しようとすることね。たとえば、一九七〇年代のアメリカでは、それまでのアフリカ系アメリカ人に対する否定的な決めつけに対して、逆に「ブラック・イズ・ビューティフル*（黒人は美しい）」という肯定的なイメージをぶつけるというやり方をとった。否定的イメージに対抗して、マイノリティたちが戦略的に肯定的イメージをぶつけるやり方を戦略的本質主義*と呼ぶ人もいるわ。

ただ、このやり方は、効果があった反面、純粋な黒人ほど美しいということになって、アフリカ系アメリカ人に対する一種の新しい決めつけになってしまった。つまり、純血主義に陥る恐れがあった。だから、よいイメージだからといって決めつけは決めつけだよね。

アフリカ系アメリカ人
（African-American）
アメリカ市民権をもつ黒人を指すとき、多文化主義の立場を強調して使われる表現。

「ブラック・イズ・ビューティフル（黒人は美しい）」
（Black is beautiful）
一九六〇年代の公民権運動以後の黒人解放運動の中で、アフリカ系アメリカ人のアイデンティティを象徴する表現として使われた。

戦略的本質主義
（strategic essentialism）
インド出身の文学研究者であるG・C・スピバクによって使われ始めたポストコロニアル理論の中心概念の一つ。マイノリ

ナニ　ハワイでも、歴史的に白人に支配されてきたポリネシア系ハワイ先住民*たちの民族的な自覚が高まっているの。それで、ハワイでは、ハワイ先住民文化のいいイメージとして、地球に優しいエコ文化だとか、神秘的な力をもつ人たちだといったイメージが広がっている。でも、そのイメージがだんだん一人歩きし始めて、最近では、日本人向けの観光宣伝に利用されたりしているの。でも、実際のハワイ人は、いろいろなエスニックたちと混血していて、純粋のハワイ人は少ないし、アジアや太平洋のいろいろな文化が混じり合っているのにね。

金　そうね。実際、白人と黒人をはっきりと区別するような境界線をひくことができるかしら？　できないでしょう。日本人も同じよね。歴史を見れば日本列島には周辺の地域からいろいろな人びとが渡来してこの社会を作ったでしょ。そして、渡ってきた人びと自体も、その周辺地域のいろいろな人びとと混じり合って、その文化を形作ってきた。だから、エスニックの文化は、

ティは、マジョリティからの本質主義的で否定的な言説を一旦引き受けることで団結できる。さらに、多数派に対する闘争を有利に導くために本質主義的な自己肯定的な言説を戦略的に使用する。

ポリネシア系ハワイ先住民　一八世紀末にキャプテン・クックが来訪する以前に、ハワイ諸島に定住していたポリネシア系島民の混血を含む子孫。

そのようないろいろな文化が混じり合ったり、意識的に独自性を主張したりして作られてきたものなのね。文化形成についてのこのような理論立場を文化構築主義*というのよ。

さらに、国際間の人の流れが激しくなり、人びとが長い人生の中でいろんな地域文化を渡り歩くようになる時代になると、このような傾向はますます広がっていくと思うよ。だから、マイノリティの抵抗の方法も、肯定的イメージをぶつける戦略から、境界そのものを崩していく戦略へと変わろうとしているのね。

ただ、はっきり言えるのは、マイノリティたちが自分の文化を選択したり、主張したりする主導権を自分たちで握ることが大切だということね。それがアイデンティティ*の権利だということ。

ナニ　わたしもそう思う。気が付いたんだけれど、スチュアート・ホールもエド

構築主義
(constructionism)
社会の現実や社会現象とその意味は、すべて人間が作り上げたものだとする考え方。

アイデンティティ
(identity)
アメリカの心理学者・精神分析家E・H・エリクソンによって使われるようになった概念で、自我同一性、自己同一性などと訳される。個人が自己を同定し、依って立つところのもの。

ワード・サイドも、ナニと同じように、生まれと育ちが別々で、異文化の中を渡り歩いてきた人なんだよね。金さんもヤンさんも同じだね。だから、そのアイデンティティは、ジャパニーズとか、コリアンとか、国別に分類するんじゃなくて、重なったり、解け合ったりしながら、個人が自由に選らべるようになってほしいな。そう考えると、マイノリティ自身が主張し、参加できるメディアがもっともっと必要になるってわけね。

ヤン　マイノリティが参加できるメディア。パブリック・アクセス*という考え方よね。カモメＦＭもパブリック・アクセスの一つの実践だとわたしは考えているのよ。こうしてマイノリティである在日外国人のわたしが発言できるメディアがここにあることはとても大切なのよね。

ナニ　今週は、女三人で、とっても話が弾んじゃった。いかがでしたか。来週は

パブリック・アクセス
(public access)
広義には、公共の資源に市民がアクセスできる権利のこと。メディアとの関連では、市民が自主的にメディアに参加し発信すること。

早いもので、もう最終回です。ぜひ聴いてね。

この番組は、「ロシア伝統のスイーツを伝えて九〇年」モロトフ・チョコレートの提供でお送りしました。

第六回　インターネットは
わたしたちをどこに連れていくのか
——ネットメディアの光と影——

ナニが最終回の準備をしていると、突然、ヤンさんから電話があった。ちょうど、授業中だったので、スマホにメッセージが残されていた。局まで来ていてほしい、重大な発表があるからとのことだった。ナニは、なんだか胸騒ぎがして、午後の授業が終わるとさっそく移民坂をゼイゼイと呼吸を弾ませながら登り、カモメFMに駆け付けた。

スタジオ前のホールには、これまでカモメFMを支えてきた多くのスタッフやボランティアがたくさん集まっていた。そして、みんなの前に局長の紺田さんが立ち、ふだんは笑顔を絶やさない優しい顔を珍しくこわばらせて、説明をしている最中だった。

「このたび、カモメFMの理事会は、地上波放送の免許*を総務省に返還し、地上波の放送から撤退する決定をしました。」

「地上波免許を返上するってどういうことなの?」ナニが混乱する頭を必死に整理しようと考え込んでいると、紺田さんはこう続けた。

放送免許
電波は有限の資源であるという認識に立ち、その公平で効果的な利用をはかる目的で、放送を行う事業者に電波法にもとづいて総務省から与えられる免許のこと。

「理由はすでにご承知の方もおられるかと思います。近年、放送法が改正され、カモメＦＭのようなコミュニティラジオ局は基幹放送*に位置づけられました。政府がコミュニティラジオを認めたことは嬉しいことです。しかし、法律で定められた基幹放送局の基準を満たすには、設備の根本的改築や増強が必要で、莫大な費用がかかります。でも、市民が自力で運営している現在のカモメＦＭには、そんなお金はないのです。一時的な改築費用なら寄付を集めることもできるでしょう。でも、これから増え続ける維持費を賄うことは不可能だという結論に達しました。」

ナニは、毎週の放送の内容を考えるだけで精一杯で、局がこんな危機に直面していることなんかぜんぜん知らなかった。ヤンさんや紺田さんが人知れず苦労をしていたことを知って、自分のノーテンキさを少し情けなく思った。そして、これからどうなるんだろう。そんな不安がナニの胸をよぎった。すると、その問いにまさに答えるかのように紺田さんは、こう話を続けた。

「もちろん、地上波の免許を返上したからといって、カモメＦＭは番組の発信を

基幹放送としてのコミュニティラジオ
二〇一〇年に改正された放送法で、コミュニティラジオは、県域放送局と同じような法令順守や機材の整備が求められるようになり、経営上の困難の原因となっている。

やめることはありません。これからは、インターネット放送局として、引き続き市民の声を地域社会に伝えていきます。」

カモメＦＭは、コミュニティラジオ局としてラジオ電波の放送をするかたわら、これまでも、インターネットを使って全国、いや大袈裟に言うと全世界にメッセージを届けてきた。実際、ナニの番組を遠く離れた海外にいる友人が聞いてくれてコメントを送ってくれることもあった。ナニも、どちらかというとスマホをとおしてネットでラジオ番組を聴くことの方が多いのが現実だ。だから、これからはネット放送局として再出発するという紺田さんの話に、違和感はなかった。ただ、地上波であることも、意義のあることに違いはない。

会場からも、地上波の免許を返上することについて、さまざまな意見が出た。それを全部ここで書くことはできないが、少し紹介すると、たとえばネットにアクセスする習慣がないお年寄りたちにどう番組を届けるのか、また、災害時など、通信環境が壊れたときは、やはり地上波放送の方が確実に情報を届けられる＊ので

災害時の臨時放送
地震や風水害などの災害時、住民に必要な情報を提供する目的で、放送法施行規則第七条第二項第二号の規定によって開設された臨時災害放送局など。

はないか、などなどだった。他方、設備や体制を増強するよう定めておきながら、そのための支援をまったくしようとしない総務省のやり方に対する不満や批判の声もたくさん上がった。これについては、ナニも発言した。

「最近の政府は、お金持ちの方しか見てないんじゃないの、まったく！」

そのナニの一言に、会場からいっせいに拍手が上がった。

大学に戻ったナニは、番組の最終回のテーマを急きょ変更しようと考えていた。これまでは、どちらかというと従来からの放送メディアについて、テーマに選んできた。しかし、カモメＦＭが、地上波放送を停止し、インターネット放送に切り替える選択をしたように、これからは、インターネットを使ったメディアに人びとの関心が移っていくに違いない。実際、ナニのまわりの学生たちでは、毎日の生活の中で、テレビを見る時間は減り、その反対に、インターネット・メディアを見る時間が増えていた。* そして、ナニ自身もその一人だ。

友人たちには、ネットがあればテレビも新聞もいらないという人も少なくない。

ネットメディアへの接触増加

ＮＨＫ放送文化研究所『日本人とテレビ二〇一五』によれば、五年前と比べて、テレビを毎日見る人は二〇～五〇歳代で減少し、とくに二〇代で三分の二に減った。逆に、ネットを毎日見る人は六〇代以下のすべてで増加し、五〇代以下で五割を超えた。また、「テレビよりネット動画の方が面白い」と答えた人は、二〇代以下で五割を超えた。

ネットにアクセスしさえしていれば、どんな情報でも入ってくるとかれらは言う。たとえば、SNSは、友だちどうしの連絡やおしゃべりに使うだけじゃない。ツイッターやフェイスブックには、新聞社やテレビ局、また、ニュースサービス専門のサイトが提供するニュースや耳寄り情報などをシェアしてくれる友だちがたくさんいるので、あえて自分からニュースを探しにネットを検索したりする必要がないくらいだと言う人もいる。

しかし、そんな便利で身近なインターネット・メディアだけれど、従来のメディアと同じように、それがもつ特徴や弱点について知っていないとまずいんじゃないか。そうナニは、直感的に感じていた。というのも、九州で大きな地震が起こったとき、ツイッターに流れた、動物園からライオンが逃げたというデマ*を真に受けてリツイートしてしまった友だちの話を知っていたからだ。

こんなとき、攻撃の対象になりやすいのは、マイノリティたちだということも、ナニはよく知っている。太平洋戦争が起こったとき、猜疑心をあおるメディアと

動物園からライオンが逃げたというデマ
『朝日新聞』デジタル版（二〇一六年四月十五日）によれば、ツイッター上で拡散された「イオンモールが火事」「動物園からライオンが逃げた」などのデマの発生が確認されている。

事実無根のデマが一体となり、恐怖に駆られた人びとによって、日系アメリカ人たちは、住居を追われ強制収容された歴史を聞いていたからだ。

そこで、ナニは、最終回のテーマとして、インターネット・メディアの可能性と問題点を取り上げることに決めた。ゲストは、前回と同じく金さん、そして、レギュラーである教授の二人だ。

◆マイク・オン

ナニ「ナニのラジオ講座・メディアってなに?」も最終回になりました。先週からの一週間にとても大きな出来事がありました。カモメFMが、地上波放送をやめることになったのです。そして、カモメFMは、ネットラジオ局として再出発します。そこで、最終回は、予定を変更して、インターネット・メディアについて考えることにしました。ゲストは、先週に引き続いて、金さん。そして、レギュラーの教授です。また、この番組は、ラジオと同時に動画配信もされています。ぜひそちらも視聴してくださいね。

教授　インターネット・メディアの話をする前に、インターネットの歴史について簡単に説明しようね。君たち若い世代にとって、ネットは生まれたときから身の回りにあったものだから、その生い立ちについて知らない人が多い。だから、その歴史を伝えるのは、ぼくらの年寄り世代の責任だと思うからね。

インターネットは、軍事技術から生まれた。世界が自由主義陣営と社会主義陣営に分かれて睨み合っていた冷戦時代、社会主義のソビエト連邦がアメリカに先んじてスプートニクという人工衛星を打ち上げた。これを核ミサイル開発と受け取ったアメリカは、パニックに陥った。そして、軍事の中心であるペンタゴンが核攻撃されても、それ以外の部分が生き残る通信手段の開発をしなければと考えた。その結果考案されたのが、中心がなく、個々のコンピュータが網の目のようにつながるインターネットだった。

このインターネット技術の実験に最初に成功したのは、アメリカ西海岸の大学だった。だから、当初のインターネットは、大学研究者たちが中心の学術研究のためのコンピュータネットという性格が色濃かった。たとえば、ぼくも日本の大学からインターネット経由でカリフォルニア大学のコンピュータにアクセスして、図書館の本を検索したりしたことがあるよ。とても便利だったけれど、それ以上のものじゃなかった。というのも、せっかくカリフォルニア大学のコンピュータにアクセスできても、そのコンピュータを操作する言語を知っていなければ使えなかったからね。

これが今日のような世界中をつないだ巨大なネットワークになるきっかけは、ＨＴＭＬという言語を使うワールドワイドウエッブ（ＷＷＷ）技術の開発＊だった。だれでも、画面上のリンクボタンをクリックするという共通の方

ワールドワイドウエッブ（ＷＷＷ）
インターネット上で、ハイパーテキスト形式の情報提供を行うこのシステムは、欧州原子核研究機構（ＣＥＲＮ）のティム・バーナーズ・リーによって開発され、一九九一年に公開されて世界中に普及した。

法であらゆる情報にアクセスできるこの技術は、それまでのインターネットのイメージを根本的に変えてしまった。そして、この技術が一九九三年に無料で開放されると、世界各地に一気に広がり、日本にもＷＷＷの時代が到来したんだ。

その後、ＷＷＷの普及に従って、インターネットも急速に世界中に拡張され、また、通信速度も高速化の一途をたどっていった。その背景には、商業利用の可能性が広く認められたことがあったんだ。

ナニ 今のわたしたちの世代から見れば、インターネットはパソコンで使うというより、スマホでＳＮＳにアクセスすることがほとんどなんだけれど、最初は、大型コンピュータのためのものだったわけね。

教授 インターネットの利用が進んでくると、それが人びとのコミュニケーションのあり方に大きな影響を与えるようになっていった。ぼくらインターネットの普及を進めてきた世代は、それまでマスメディアに独占されていた情報発信を広く一般市民にも開放する手段として、インターネットにとても期待していた。また、ボランティア活動や社会運動にかかわる市民たちにとっては、情報発信をとおして人びとが平等に参加する民主的な社会作りのための強力な助っ人*として映ったんだ。

ナニ　わたしもこんな経験をしたよ。二〇一一年の東日本大震災で、福島第一原子力発電所の電力がすべて失われ、発電所が爆発したとき、どの放送局もメルトダウンは起こっていないと放送してた。でも、反原発運動にかかわっていた友だちの一人が教えてくれた動画サイトでは、メルトダウンがすでに起こっているかもしれないという情報が発信されていた。*わたしにとって、目からウロコの経験だった。そのときほど、ネットが真実を伝えてくれると感じたことはなかったから。

市民運動とインターネット
日本でインターネット（WWW）がボランティア動員に本格的に活用されたのは、一九九七年に福井県三国町沖の日本海で起こったナホトカ号遭難重油流出事故時に行われた重油汲み出しボランティアの動員に際してである。

原発の情報を発信した動画サイト
たとえば、市民団体の原子力情報資料室（CNIC）は、事故発生二日後より、独自サイト（www.cnic.jp/）でメルトダウンを疑う合理的根拠を伴う情報提供を行っていた。それらは、同サイトの映像アーカイブで視聴できる。

金　わたしたちマイノリティにとっては、インターネットは、社会の中で、ともすれば孤立しがちな仲間たちを互いにつなぐ効果的な手段だと受け止められたの。移動の自由に制約がある身体障がい者たち、日本語以外のことばを使う在日外国人たち、固有の文化的歴史的な背景をもつ在日コリアンなどのエスニック・マイノリティたちなど、わたしのようなマイノリティにとって、インターネットは、言ってみればアイデンティティを互いに確認しあえるとても重要なメディアだったの。もちろん、それ以前も、ミニコミと呼ばれる小規模な紙のメディアが人びとを結び付ける役割を果たしていたけれど、紙のメディアは、印刷したり発送したりする手間が大変だから、誰でもができるわけじゃなかった。だから、インターネットは、紙のメディアに替わるものとして、受け止められたわけ。

教授　しかし、インターネットが拡大してくると、人びとのコミュニケーションは、期待されていたような、社会に向かって開かれる方向とは逆に、限られた人びとの間に閉ざされるような方向も示し始めたんだ。

この問題に最初に警鐘を鳴らした一人に、キャス・サンスティーン*というアメリカの政治学者がいる。かれは、民主主義がうまく機能するためには、人びとが広い共通体験をもち、さまざまな話題や意見に偶然に触れるチャンスがないといけないと言う。だから、人びとが自分の見たいものだけを見て、見たくないものは見ないですむようなことになると、民主主義にとって害をもたらすというんだ。そう前置きして、サンスティーンは、インターネットについて自分の考えを述べた。もし、多くの人びとが自分ごのみの情報だけに取り囲まれ、考えの似た者同士だけで交流するなら*、社会は分裂し、相互の無理解は膨れ上がってしまうだろう。もし人びとが、インターネットで自分専用の情報源を作り、自分の経験を「個人化」するだけなら、それは民主主義にとって大いに問題があると言った。

キャス・サンスティーン
(Cass R. Sunstein)
一九五四年〜。アメリカの政治学者、シカゴ大学教授。著作に『インターネットは民主主義の敵か』(石川幸憲訳、毎日新聞出版、二〇〇三年)など。

考えの似た者どうしだけがネットで交流
サンスティーンはこのような状況を自作のエコチェンバー(反響発生室)と呼び、集団分極化の原因の一つと指摘している。

サンスティーンが、人びとのインターネットとのかかわり方について警鐘を鳴らした背景には、こんな認識があったからだ。つまり、社会から孤立し、隔離された小さな集団の中で議論を続けると、その議論はもともとの議論をさらに延長したような極端な議論に傾く傾向がある。これを「集団の極化」というんだよ。日本でも、かつてオウム真理教というカルト宗教教団が、出家と称して社会との交わりを絶って集団生活をして、自分たちだけの世界に没頭していった結果、社会から攻撃されているという妄想を膨らまし、それに反撃するために、テロを実行するという地下鉄サリン事件*を起こした。極化した集団の病理が典型的に示された事件だったわけだけれど、集団生活などしなくても、インターネットで同じような考えの人間だけでやりとりを続ければ、この「極化」現象が現れて、前から考えていたことをもっと過激な形で考えるようになってしまうかもしれない。もちろん、サンスティーンは、インターネットが人びとの情報へのアクセスを開く有力な手段であることを

オウム真理教地下鉄サリン事件
一九九五年三月に東京都営団地下鉄で教組・麻原彰晃（松本智津夫）率いる宗教団体、オウム真理教が神経ガスのサリンを使用して起こした同時多発テロ事件。

積極的に認めている。しかし、だからこそ、その弱点についても、早い時期から警鐘を鳴らしたんだね。

金　たしかに、集団の極化は大きな問題よね。でも、サンスティーンは、他方で、マイノリティに属するような人びとが集まる小さな集団が、自分たちだけでじっくりと熟議することには価値があるとも言ってるわ*。というのは、普段、多数派の中で、マイノリティたちはいつも沈黙を余儀なくさせられる場合が多いからなの。だから、立場の弱いマイノリティたちだけで集まってじっくり議論を深めれば、社会全体にとっても有益な提案や意見が生まれることがあるというわけなの。

ナニ　小声しか出せない人たちには、小声だけで話すチャンスが必要っていうわけね。

マイノリティだけで熟議する価値
キャス・サンスティーン『熟議が壊れるとき――民主政と憲法解釈の統治理論』（那須耕介訳、勁草書房、二〇一二年）七三頁でそう述べている。

教授　そうだね。ただし、それはマイノリティのように、社会の中で普段圧迫されている人たちにとっては有意義なんだけれど、社会の中で構造的に力をもっている多数派の集団が極化することの問題はやはり大きいんだ。たとえば、ヘイトスピーチの問題がそうだよ。

金　そうそう。ヘイトスピーチでは、やはり在日コリアンがもっともひどい被害を受けているわ。ヘイトスピーチとは、人種、民族、性などのマイノリティを差別的に攻撃する表現活動のことだけれど、デモ行進などの街頭活動だけじゃなく、インターネットの掲示板やＳＮＳなどを使った表現活動も含まれるの。ただし、間違えちゃいけないのは、憎悪感情の表現がすべてヘイトスピーチではないということ。たとえば、ナチスの「ユダヤ人はみな犯罪者である」という政治宣伝は、今で言えばヘイトスピーチだけれど、それに対してユダヤ系の市民たちが「ナチスは野蛮で嘘つきだ」と叫んでも、それ

ヘイトスピーチに反対する市民の運動
カウンター行動と呼ばれる。ヘイトデモに抗議する街頭活動やネットをつうじてヘイトスピーチや人種差別に反対する活動など。日本では、人種差別とレイシズムを乗り越える国際ネットワーク「のりこえネット」(www.norikoenet.org) などがある。

ヘイトスピーチを繰り返す人たちの特徴
樋口直人（一九六九年〜。徳島大学准教授、社会学）

はヘイトスピーチじゃない。ヘイトスピーチが、人種や民族、性など本人の意思じゃ変えられない属性をもつマイノリティに対する差別的な攻撃だという点を忘れちゃいけないわ。そして、このヘイトスピーチは、放置しておくと、もっと深刻な暴力や人権侵害を引き起こす危険性が高いと言われているの。だから、どこの国や地域でも、なんとかヘイトスピーチをやめさせる方法はないかと苦心しているのよ。そして、最近では、ヘイトスピーチに反対して立ち向かおうという市民たちの運動*も増えているわ。

ナニ　金さんがくれたTシャツには、AGAINST RACISM（人種差別反対）ってプリントしてあるけど、これを着て、デモしたりするわけね。

教授　日本でヘイトスピーチを繰り返す人たち*には、こんな特徴があると指摘する研究者もいる。まず、極端な歴史認識を主張*し、本質主義的な民族観*

の『日本型排外主義――在特会・外国人参政権・東アジア地政学』（名古屋大学出版会、二〇一四年）によれば、極端な歴史認識、東アジア近隣諸国への排外感情と本質主義的民族観、比較的裕福なホワイトカラーたちの組織活動、インターネットによる増幅の四つの特徴が認められる。

極端な歴史認識を主張
「アウシュヴィッツはウソ」「南京虐殺事件はなかった」など、歴史学における通説に対する学術的な批判や異論の形をとりながら、史料の取捨選択や分析において学術的な手続きを無視して行われる政治運動としての歴史修正主義。

をもつ人びとであること。東アジアの近隣諸国に強い排外感情をもっていること。比較的裕福なサラリーマンたちが組織されていること。そして、インターネットをつうじて活動が増幅されていること。従来型の社会運動が機関紙やビラなどの紙のメディアを重視してきたのに対して、ヘイトスピーチの活動は、もっぱらインターネットを利用して組織を拡大していると言われているんだ。既存のマスメディアだったら、社内基準などのチェックによって絶対に使用されないような差別表現でも、インターネットでは平気で使える。昔は、駅裏のトイレの落書くらいにしか登場しなかった差別表現が、インターネットをとおして社会の表面に現れてきた。ヘイトスピーチはそれを巧みに利用したんだ。

インターネットはヘイトスピーチ活動に利用されるだけじゃない。ヘイトスピーチを繰り返す人たちが激しい排外感情をもつようになった過程にも、インターネットが深くかかわっていると言われている。日本人だけが常に正

本質主義的民族観
民族には、歴史や社会の変化とは無関係の絶対に変化しない本質的な特徴があるとする立場。民族の特徴や性質は変化すると考える構築主義的民族観と対立する。本書一六五ページ参照。

しいという極端な歴史解釈や、周辺の国々は日本を滅ぼそうと陰謀を巡らしているといった偏った国際認識を主張するヘイトサイト*や掲示板にちょっとしたきっかけで接し、その主張にちょっぴり共鳴したとする。でも、そんな人たちの間でウケねらいのコメントを投稿したり、互いのコメントに「いいね！」したりしていると、急速にサンスティーンが言う集団の極化現象が起こり、より過激な差別や排外主義を支持するようになっていく。これに加えて、インターネットをスマホで利用する人が増えている現在、現実の複雑さを反映した、長文のメッセージよりも、単純化された印象的なフレーズによる短いメッセージが、ますます有利になりつつある。この現状が極端な歴史認識の拡散に力を与えていると指摘する研究者*もいるよ。サンスティーンは、情報の多様化はすばらしいが、分裂は社会的リスクをともない、テロ組織やヘイトグループは、そのもっとも明確な事例だと警告している。

その意味で、極端な歴史認識や陰謀論を信じる人たちは、疑似科学を信奉

ヘイトサイト
人種、民族、性的指向、宗教などに対する偏見や差別扇動を内容とするインターネット上のウェッブページやSNS。

極端な歴史認識を助長するネットメディア
能川元一（哲学者、著書『憎悪の広告』合同出版、二〇一五年など）によれば、インターネットは現実の複雑さを反映するニュアンスに富んだ長文のメッセージより、細かなニュアンスを排し単純化された印象的な短いメッセージを発信するメディアに変わりつつある。

する人たちと似ている。科学史家のマイクル・シャーマー*は、疑似科学が自己を正当化する五つの修辞法の一つとして、疑似科学の信奉者は、自分たちの意見がマスメディアに取り上げられないのは、反対派の陰謀で検閲されているからだと主張する傾向があることを述べているけれど、これと同様に、インターネットで極端な歴史認識を主張する人たちは、検閲によってマスメディアが自分たちの主張を報じないので、ネットで真実を知らせているのだと主張することもよく見かけられる。

インターネットのこのような負の側面をどうすれば克服できるか、社会はもっと真剣に取り組まないといけないよね。

金　第二次大戦中、ナチスから迫害を受けてアメリカに亡命したユダヤ系ドイツ人にハンナ・アーレント*という、わたしが尊敬する女性哲学者がいるの。彼女は、歴史的な出来事などの「事実の真理」は、数学や科学などの普遍的

マイクル・シャーマー
(Michael Brant Shermer)
一九五四年〜。科学史家。『なぜ人はニセ科学を信じるのか』（早川文庫、一九九九年）によれば、疑似科学が自己を正当化する修辞法には、他者の研究の都合の良いところだけを利用する「いいとこ取り」、自説に合わない一つの論文への攻撃で全体を否定する「単一論文へのこだわり」、不利な証拠を出されると次々に自説を変える「ゴールポストを下げる」、事実の「曲解」、自分たちは陰謀の犠牲だとする「陰謀絡みの検閲」の五つがある。

ハンナ・アーレント
(Hannah Arendt)

な「理性の真理」より傷つきやすいと言ってるの。「事実の真理」が、力をもつ国家や組織にとって都合が悪いとき、国家や組織は真理を口にする者を攻撃したり、嘘つきあつかいして迫害したりすることがあるとも言っているわ。ナチスに迫害されたアーレントのことばの意味は体験に裏付けられて重い。だから、極端な歴史認識を主張するのは、ただの変わり者だけじゃなくて、政府や大企業、マスメディアなどが組織的に行うこともあるの。「事実の真理」は、それをしっかりと守ろうとする姿勢がわたしたちになければ、たやすく壊されてしまうかもしれない。

だから、一言付け加えたいことがあるの。ヘイトスピーチをする人たちと、それを止めようとする人たちの間で対立やぶつかり合いが起こると、ケンカ両成敗とばかり、どちらもよくないといって他人事のような態度をとる人がいる。でも、それは問題の本質を見誤っていると思うわ。差別を傍観することは、差別に手を貸しているということを忘れないでほしい。

一九〇六〜一九七五年。哲学者。主著に『全体主義の起源』（みすず書房、一九八一年）、『イエルサレムのアイヒマン——悪の陳腐さについての報告』（みすず書房、一九九一年）など。「事実の真理」については「真理と政治」『過去と未来の間——政治思想への八試論』（みすず書房、一九九四年、一九七〜二六四頁）で言及した。

ナニ　インターネットが人びとの情報力を高める反面、集団の極化をすすめる可能性ももっていることはよく分かった。ここで、少し話題を従来型のマスメディアに移します。インターネットの急速な普及のかたわらで、従来型のマスメディアは、どう変化したのかしら?

教授　インターネットが人びとの情報力を急速に高めつつあった同じ時期、マスメディアの側でも大きな変化が起こった。それは、メディア産業の巨大化と寡占化が進んだということなんだ。

とくにその変化が激しかったのがアメリカだった。アメリカでは、九〇年代の新自由主義*にもとづく規制緩和と自由化の流れの中で、政府や公共の規制をどんどんなくしていくべきだという考えが広がっていた。その結果、大きな資本がメディアを買収することが許され、それまで言論の多様性を守るため、放送局と新聞社を同じ企業が所有することを制限する、クロスオーナー

新自由主義
社会保障や富の再分配は政府を肥大化させ、企業や個人の自由な経済活動を阻害するので、政府による介入や規制を撤廃して、市場での自由競争にまかせれば、自然に富が社会全体に行きわたると考える経済思想。

クロスオーナーシップ (Media cross-ownership) 規制

シップ規制*が緩和されるなど、少数の大資本によるマスメディア系列化が進んだ。それと並行して、放送局は公平で中立的な立場で放送しなければならないという公平原則*も廃止されたんだ。

その結果、日本のように、公平中立を口実に政府がメディアに介入*してくることもなくなったけれど、その反対側で、マスメディアが権力のチェックをして、自由で多様な言論を守り、世論に高めていく働きをするのではなく、逆に、財力と権力をもったエスタブリッシュメント*たちの利益に奉仕する傾向が強まるようになった。

規制緩和は両刃の剣だね。市民が自由にメディアに参加するチャンスをもたらす反面、大資本による系列化によって、メディアの多様性が損なわれてしまいかねない。ところで、クロスオーナーシップに対する規制がほとんどない日本では、この問題について、まともな議論がされていないのはまったく残念なことだけどね。

メディアの集中を排除するため、特定の資本が複数のメディアを傘下に収めることを制限する規制。日本ではなんら規制が行われていないが、欧米では、規制が実施されてきた。一九九六年の米連邦通信委員会（ＦＣＣ）の規制緩和によって、巨大複合メディア企業体（メディア・コングロマリッド）が誕生した。

公平原則（Fairness doctrine）の廃止
一九八七年に米連邦通信委員会（ＦＣＣ）は、通信技術の発達で電波の希少性はなくなったから、それを根拠にする「公平原則」はむしろ活発な言論活動を妨げるとして、公平原則を廃止した。

さて、そのような多様性を失ったメディアの現状に一貫して強い警告を発してきた知識人の一人にノーム・チョムスキー*がいる。

ナニ　チョムスキー？　ええっと、そのおじさんは言語学者じゃなかったかしら？　大学の言語学入門の授業で習ったよ。

教授　そうだよ。革命的な言語理論を提唱した研究者として華やかに学会に登場した人物だった。言語学界のアインシュタインと呼ばれた人だけれど、それだけじゃない。フィラデルフィアの庶民的なユダヤ人家庭に生まれたチョムスキーは、アナルコ・サンディカリズム*という徹底した反権力の自由主義思想の影響を受け、ヴェトナム反戦運動の旗手としても活躍したんだ。現在でも、するどい社会批評家として活躍している。

チョムスキーのメディア批評は辛らつだよ。かれは、新聞やテレビという

政府がメディアに介入
たとえば、東京高等裁判所は、二〇〇七年、NHKが政治家の圧力による番組改変を行ったことを認めた。判決によれば、第二次世界大戦で日本軍が行った性暴力を取り上げた民衆法廷を取材した番組について、NHK幹部は、放送日の数日前に官房副長官に面談を受けた後、番組の一部を削除するよう番組制作担当者に指示したと言われる。

エスタブリッシュメント
(establishment)
社会的特権階層のこと。

エイヴラム・ノーム・チョムスキー
(Avram Noam Chomsky)
一九二八年〜。言語学

マスメディアは、政府や大企業が考えていることを一般国民に浸透させ、社会の支配層の利益のために国民の支持を取り付けるという機能を第一にしていると批判するんだ。かれのメディア批判の方法は非常に実証的だ。たとえば、一九七五年にインドネシアが東チモール*に侵攻したとき、インドネシア軍が行った大量虐殺についての新聞記事の量と、カンボジアで共産主義のポルポト政権*が行った虐殺についての新聞記事の量を計って、東チモールの記事が圧倒的に少ないことを指摘するんだ。そして、東チモールの記事が少ない理由が、当時、東チモールに侵攻した反共国家インドネシアをアメリカの政府もメディアも支持していたからではないかと考えた。冷戦下のアメリカ社会には共産主義に対する嫌悪感が蔓延していた。だから、メディアは、共産主義の軍事政権による虐殺は大騒ぎして非難したけれど、反共産主義の軍事政権による虐殺は黙認した。チョムスキーは、こうして、メディアが政府の外交政策を正当化する役割を演じたと批判した。

者、メディア批評家、反体制活動家。生成文法理論で言語学を革新する一方、政府の戦争政策や人権問題で厳しい体制批判を展開している。主著に、『アメリカが本当に望んでいること』(現代企画室、一九九二年)『グローバリズムは世界を破壊する――プロパガンダと民意』(明石書店、二〇〇三年)など多数。

アナルコ・サンディカリズム
(Anarcho-syndicalism) 労働者や民衆の直接行動を重視して社会変革や自治を行うことを志向する無政府主義的社会主義の思想。

チョムスキーの批判は、かならずしもアメリカのメディア研究者の多数意見じゃない。多数派のメディア研究者たちは、アメリカのマスメディアが記事や番組を実際に制作していく過程を見れば、特定の人物や政府機関が介入したり操作したりしているとは言えないと反論するんだ。たしかに、権力が無理やりメディアに介入することは少ないかもしれない。しかし、それでは、チョムスキーの批判は的を得ていないのだろうか。実は、そう単純には言えないんだ。一人ひとりのジャーナリストが自分では自由に記事を書いているつもりでも、多くのジャーナリストが共通して重要だと思いこんでいるテーマがあるなら、当然、全体としてそのテーマに報道は集中してしまう。しかし、そう思い込んでしまうところにこそ、権力の操作が潜んでいるのだと考えてみてはどうだろう。

フランスの思想家でミシェル・フーコー*という哲学者は、権力とは何かについて、こういう意見を主張している。権力は、人びとを弾圧したり、無理

東チモール
東南アジアの島嶼国。ポルトガルの植民地支配の後、一九七五年にインドネシアによる武力占領を受けたが、国連主導による住民投票によって二〇〇二年に独立した。

ポルポト政権
一九七五年、インドシナ戦争でプノンペンを制圧したクメールルージュが打ち立てた共産主義政権。極端な農本主義と鎖国政策による粛正の中で大量虐殺を引き起こし、ベトナム軍の侵攻によって七八年崩壊した。

ミシェル・フーコー
(Michel Foucault)
一九二六〜八四年。フランスの哲学者。主

矢理強制したりするところにだけ現れるんじゃない。もっとも強力な権力とは、人びとがそれに従うことが当然だと思ったり、疑問の余地のない真理だと納得したりしているところにこそ存在しているのだと。このフーコーの視点に立てば、多くのジャーナリストがある特定のニュースを重要だと考えてしまうところにこそ権力の罠が潜んでいるということになるよね。

ナニ　疑問のないところにこそ問題があるってわけね。

教授　最後に、少し大きな視点から考えてみようね。冷戦が終わった後、かつて東西で対立していた世界に大きな変化が訪れた。世界レベルで、社会主義はすてられ、資本主義の一人勝ちの時代がやってきた。世界経済は急速に一つの市場として連動するようになり、企業は、安い労働力と資源、魅力的な市場を求めて、国境を超えていった。これが経済のグローバリズム*といわ

著に、『狂気の歴史』(一九六一年)『知の考古学』(一九六六年)『監獄の誕生』(一九七五年)など多数。

経済のグローバリズム
(Globalism)
国境を超えて自由に活動する企業によって市場経済と自由貿易を全地球規模に拡大させようとする経済思想。

れる現象だね。企業が資源や労働力の安い旧社会主義国や開発途上国に投資し、工場などを移した結果、それらの国や地域の経済は発展するチャンスを手にした。アジアでは、中国やヴェトナムの経済発展がそのよい事例だね。しかし、同時に世界中から膨大な人びとが豊かさを求めて、先進国に流れ込んでいった。ヨーロッパではヨーロッパ共同体が誕生し、その加盟国の中では自由に人びとは移動できるようになり、ますます移民が盛んになっていった。そうでない国や地域でも、合法的、非合法的にはかかわりなく、国境を超えた労働力の移動が活発になっていった。その結果、常に一番安い資源や労働力を世界中で調達できる大企業とそれに投資する裕福な人びとはガッチリお金を儲けたけれど、逆に、これまで先進国で福祉の恩恵を受けてきた労働者たちは、賃金の安い国に工場が出て行ったために職を失ったり、安い賃金で働く移民たちと競争をさせられ賃金が値切られたりして、不満を募らせていった。一見、経済は発展しているように見えても、一にぎりの富裕層と

富の格差
フランスの経済学者トマ・ピケティ（一九七一年～）は『二一世紀

大多数の一般労働者の間で、富の格差*はどんどん拡大していったんだ。

冷戦時代、先進国では、第二次世界大戦後の経済復興の中で、中産階級が厚みを増していった。安定した仕事と生活に支えられた穏健な中間階級が多数派を占めることで、政治的にも安定した社会を築いてきた。戦争よりも平和、国益中心主義より国際協調主義が重視されてきた。しかし、冷戦後、経済のグローバル化によってこの中産階級が数を減らすことで、穏健な民主主義を支える基盤が崩れていった。

先進国では、経済的に生活が厳しくなった一般大衆は、自分たちの既得権を守ろうとして、移民たちがこれ以上やってこないよう政府に要求し始めた。なじみのないことばを話し、文化や習慣の違う移民たちが住み慣れた街にどんどん増えていくという目に見える変化に、一般大衆は不安を募らせていった。そして、その不安に迎合するポピュリズム*、つまり、大衆迎合主義の政治勢力が台頭してきた。このポピュリズムの政治勢力は、多くの場合、分か

の資本』（みすず書房、二〇一四年）で、第二次世界大戦後の一時期を例外として、歴史的に見れば、不動産や株式投資などによる資本収益が、労働による賃金上昇より常に高い比率を示すことを指摘し、このままでは格差が拡大し続け、中産階級が没落することを予測した。

ポピュリズム
(Populism)
一般大衆の不満、不安、欲望、敵意などの感情を利用して、既存のエリートによる支配から権力を奪取しようとする政治手法や姿勢。知識をエリートのものとして懐疑する反知性主義と共通の基盤をもつ。

りやすい愛国主義をかかげて移民排斥を叫んでいる。同民族の自国民を優遇し、異民族の移民を排除せよという極右思想*だね。理性的に考えれば、もともと経済のグローバル化によって引き起こされた現象だから、移民たちを攻撃してもしかたない。しかし、不安を募らせる大衆の感情は、目の前にいる移民たちを排除する方向に向かっているんだ。

さて、大きな話はこの辺にして、メディアのお話に戻ろう。インターネットは、現代世界のこのような状況ととても強く結びついている。まず、グローバル経済を支える金融の世界的なネットワークはインターネットがなければ成り立たない。巨額の資金を瞬時に世界のすみずみに移動させるには、インターネットを使った情報通信技術が不可欠だからね。しかし、他方、ポピュリズムを支持する一般大衆の排外感情や民族主義は、インターネットによってますます極化する方向を示している。

こうしてみると、今日の世界の現状は、けっして楽観的じゃない。自国の

極右思想
(Extreme Right)
自分が属する民族や国家が絶対的に優越しているという強い信念にもとづいて、他の民族や国家に対する排撃や支配を容認する政治姿勢。保守主義(Conservatism)とは区別される。

利益だけしか考えない極右思想が蔓延すれば、利害が一致しない国の間で、対立が激化し戦争に発展しかねない。だから、この不安定な時代だからこそ、わたしたちは、どうすればメディア、とりわけインターネットを民主主義本来の働きを回復させるために使っていくことができるか考え続ける必要があるんだ。どんなメディア技術にも言えることだけれど、新しいメディア技術は、それ自体ですばらしいというわけではない。それを人間社会の幸福と福祉のためにどううまく利用しコントロールしていくか、いつも考えていく必要があるんだね。つまり、人びとのメディア・リテラシーが大切なんだ。

ナニ　メディア・リテラシーが大切だという、この講座を続けてきた最初の目的に行き着きました。最終回は、少し時間をオーバーしてお届けしましたが、みなさん、この連続講座で取り上げられたテーマをもう一度、それぞれ自分の問題として考えていただければ嬉しいです。長い間、お付き合いくださって、ありがとうございました。これで、「ナニのラジオ講座・メディアってなに?」はおしまいです。

エピローグ

講座が終わった後、局のスタッフたちがささやかな打ち上げパーティを開いてくれた。局長の紺田さん、ヤンさん、金さん、教授をはじめ、局に集まるいろいろな仲間たちといっしょに、作業所の仲間たちが局の玄関ホールで売っている手焼きのハート型クッキーをかじりながら、ソフトドリンクで乾杯した。

地上波放送が停止され、インターネット放送に切り替わるこの変化の時期にかもめＦＭで番組を作ることができたことをナニは感慨をもって振り返っていた。メディアの進化も手伝って、世界はますます一つになり、文化や宗教の違う人々の出会いも増えている。この街でも多文化が共生するまちづくりが進んでいる。でもその一方で、貧困や格差がどんどん拡がり、テロや戦争があちこちで起こり、世界中に不安や怒りが広がっている。そんな世界で、メディアはこれからどう変わり、どんな役割をはたすのだろう。そんなことをぼんやり考えていたナニの後ろから、局長の紺田さんがそっと近づいてきて、ナニが首に掛けていたタオルを引っ張ってこう言った。

「へえ、ずいぶんいい色になってきたね」

そうなんだ。気付かない間に、真っ白だったタオルは、汗やしみで汚れてよれよれになっていた。そのタオルを見ながらナニは思った。不安な時代だけれど、それに負けず、これからもメディアにかかわり続けよう。小さな力かもしれないけれど、メディアがこの世界に対立ではなく和解をもたらすことができるように、一人の市民として自分が生きているこの街で、かかわり続けよう。そして、真新しい白タオルを、今度はナニ自身が新米の学生インターンたちの首に掛けてあげる日のことを想ったりした。

そんなナニの思いを知ってか知らずか、窓の外には、夕暮れの港町に差しかかる一筋の太陽の光の中をカモメたちが気持ちよさそうに飛び交っていた。

改訂版へのあとがき

わたしがメディア研究に関心をもつようになったのは、日本の大学院を修了した後、ハワイにあるイーストウエストセンター・コミュニケーション研究所の助手に採用されたことがきっかけでした。この研究所をとおして、当時、欧米や日本を代表する著名なコミュニケーション研究者たちと出会い、直接、指導をうける機会を得ました。ウイルバー・シュラム博士、エリユ・カッツ博士、エヴァレット・ロジャーズ博士、ジャック・ライル博士、加藤秀俊博士、林知己夫博士、辻村明先生、飽戸弘先生などなど。数えるときりがありませんが、これらの先生がたから直にお話をきいたことは、とても刺激的な体験でした。本書の中にも、これらの先生がたの学説が登場しています。

ハワイから帰国し、東京での十八年間にわたる研究生活に区切りを付けた後、関西に戻り、現在の関西学院大学で、ふたたびメディアについて初学者を対象に講義を担当することになりました。これがきっかけで、学生たちにメディアについて何を学んでもらいたいか考えるようになりました。

学生たちを取り囲むメディアはどんどん変化しています。新聞を定期購読する学生はほとんどいません。インターネットへの傾斜はますます進行し、テレビですら影が薄くなりつつあります。「メディアをとりかこむ環境は激変しつつある」というのが現在のメディアを語るときの常套句です。しかし、「激変するメディア環境」などという言い方は、電子的メディアがこの世に登場して以来、ずっと言い続けられてきたのではないでしょうか。

そこで、メディアの現状を後追いするのではなく、むしろメディアが現在のような形になるに至った歴史的な流れをしっかり理解し、批判的にメディアを見つめるような本を書いてみようと思いました。

でも、教科書を書くことは、気が進みませんでした。教科書とは、あくまで学問分野の基礎となる標準的な知識を届けるためのものです。しかし、私が書きたかったのは、標準的な知識や学説ではなく、メディアについて、私が考えていることや学生たちに伝えたいと思っていることなど、私という一人の研究者の視線をとおしてみたメディアの歴史と現状の姿でした。

そこで、試行錯誤の末、私自身の実際の生活や教育実践をモデルにした一つの物語を書くことを思い立ちました。主人公のナニは、私がフィールドワークを続けてきたハワイの片田舎に留学をし、多文化社会ハワイの空気を胸一杯に呼吸して成長した少女です。彼女は、本書では、ハワイのハイスクールを卒業して日本の大学に進学し、ラジオ講座番組の学生キャスターとしてメディアについて考えます。実は、このナニは親元を離れて中高時代をハワイで過ごした私の実娘がモデルです。（ノニのハワイ時代のエピソードは、本書の姉妹書である『娘と映画をみて話す 民族問題ってなに？』にあります。）

このナニが担当するラジオ講座番組を縦軸に、ナニが活動するコミュニティラジオ局かもめＦＭでのできごとが横軸となって物語は進行します。そして、このラジオ局こそ、実際に神戸市長田で阪神淡路大震災の後、被災者したマイノリティたちによって開局されたコミュニティラジオ局エフエムわいわいが、そのモデルでした。私は、ナニの目を借りて、コミュニティラジオ局の理想や現状を描きました。というのも、わたしはこの市民立のコミュニティラジオ局に、メディアの原点を見たからです。

こうして『娘と話す メディアってなに？』の初版が出版されたのは、二〇〇九年のことでした。

初版の出版と並行して、この局から、私は、ゼミの学生たちとともに被災地の復興をテーマにした番組を毎週放送してきました。それらの番組の中には、コミュニティ放送番組のコンクールで優勝賞にかがやいた番組もありました。ところが、このラジオ局が二〇一六年に地上波放送を終了することを決定したのです。放送法の改正による制度変更によって、経営基盤の弱い市民主体のコミュニティラジオは、もはや存立が困難になったのが理由でした。私にとって、それはとても残念で、心が折れる出来事でした。ただ、地上波放送を停止するかわり、新たにインターネットラジオ局として再出発することも決まりました。それは大きな可能性を秘めた、小さな希望の灯です。

この出来事は、地方の小さなコミュニティラジオ局が直面した変化です。しかし、それをとおして、今日の日本のメディア状況が直面する大きな変化を考えようと思いました。それは、既存メディアから新しいネットメディアへという技術的な変化を意味するだけではなく、今日のグローバル化が進行する世界が直面する大きな変化を反映しているように思うからです。

経済のグローバル化によって世界の一体化は後戻りできなくなっています。しかし、他方、富の格差は拡大し、人びとの不安や不満は増大しています。内戦やテロの恐怖、移民や難民を排斥する極右思想の拡大などなど。国際社会も国民国家も、分断の亀裂を広げつつあります。しかし、メディアはこのような状況に有効に対応することができていません。むしろ、メディアは、社会の分断や対立を煽るかのようです。ネットには、感情的で排外的な表現が幅を効かせています。既存のマスメディアは、大衆のそのような感情に同調的ですらあります。また、日本では、マスメディアに対する政権からの圧力の前に、憲法に保障された言論の自由を守り通すことすら危うい状況です。自民党の憲法改正案では、言論の自由は公益及び公の秩序を害しない限りで認められる限定的な権利に縮小されていますが、これに対する既存マスメディアからの抵抗はけっして大きくありません。

このようなメディアをとりかこむ厳しい変化を前にして、座して待つのではなく、それを止面から取り上げ、私の危機感をしっかりと伝えたいと考えるようなりました。それが、今回、改訂版を出版することにした動機です。本書の第一章から第五章までは、基本的に初版の内容を踏襲していますが、しかし、第六章以降は、そのような私の危機感を反映し全面的に書き変えました。

本書の執筆に当たって、メディアの社会理論に詳しい桜井哲夫教授（東京経済大学）にご助言をいただきました。また、評論家の辛淑玉さんからは、マイノリティとメディアについて有意義な示唆をいただきました。また、本書の挿絵は、京都精華大学マンガ学部出身の岡山隆俊さんが描いてくれました。これらの方々に感謝の気持ちを表したいと思います。

最後に、改訂版出版の機会を与えてくださった現代企画室の太田昌国さんと編集作業を担当してくださった江口奈緒さんに、そして、構想や草稿の辛抱強い聞き手になってくれた配偶者の井藤聖子に、心からの感謝を伝えたいと思います。

山中速人

二〇一六年七月の暑い日

参考文献

テオドール・アドルノ（田中義久、矢沢修次郎訳）『権威主義的パーソナリティ』青木書店、一九八〇年
ハンナ・アーレント（斎藤純一、引田隆也訳）『過去と未来の間――政治思想への八試論』みすず書房、一九九四年
井上輝子「解説」『表現とメディア』（「新編日本のフェミニズム」第七巻）岩波書店、二〇〇九年
井上輝子、西山千恵子、細谷実、木村栄、福島瑞穂『ビデオで女性学――映画のなかの女性を読む』有斐閣、一九九九年
グレン・インフィールド（喜多迅鷹、喜多元子訳）『レニ・リーフェンシュタール――芸術と政治のはざまに』リブロポート、一九八一年
エドワード・W・サイード（今沢紀子訳）『オリエンタリズム』平凡社、一九九三年
エドワード・W・サイード（浅井信雄、佐藤成文、岡真理訳）『イスラム報道』みすず書房、増補版二〇〇三年
エドワード・W・サイード（中野真紀子訳）『オスロからイラクへ――戦争とプロパガンダ二〇〇〇―二〇〇三』みすず書房、二〇〇五年

キャス・サンスティーン（石川幸憲訳）『インターネットは民主主義の敵か』、毎日新聞出版、二〇〇三年
キャス・サンスティーン（那須耕介訳）『熟議が壊れるとき――民主政と憲法解釈の統治理論』勁草書房、二〇一二年
ガース・S・ジャウエット、ビクトリア・オドンネル（松尾光晏訳）『大衆操作――宗教から戦争まで』ジャパン・タイムズ、一九九三年
クロード・E・シャノン、W・ウィーヴァー（長谷川淳、井上光洋訳）『コミュニケーションの数学的理論』明治図書出版、一九六九年
マイクル・シャーマー（岡田靖史訳）『なぜ人はニセ科学を信じるのか――UFO、カルト、心霊、超能力のウソ』早川文庫、一九九九年
ウイルバー・シュラム編（学習院大学社会学研究室訳）『マス・コミュニケーション新版――マス・メディアの総合的研究』東京創元社、一九八一年
ガヤトリ・C・スピヴァク（上村忠男訳）『サバルタンは語ることができるか』みすず書房、一九九八年
田崎篤郎、児島和人編著『マス・コミュニケーション効果研究の展開』北樹出版、一九九九年
ノーム・チョムスキー（藤田真利子訳）『グローバリズムは世界を破壊する――プロパガンダと民意』

明石書店、二〇〇三年
ノーム・チョムスキー（鈴木主税訳）『メディア・コントロール――正義なき民主主義と国際社会』集英社、二〇〇三年
ノーム・チョムスキー（中野真紀子訳）『マニュファクチャリング・コンセント――マスメディアの政治経済学（一・二）』トランスビュー、二〇〇七年
エリザベート・ノエル＝ニューマン（池田謙一、安野智子訳）『沈黙の螺旋理論――世論形成過程の社会心理学』北大路書房、改訂復刻版二〇一三年
能川元一『憎悪の広告』合同出版、二〇一五年
デイヴィッド・ハルバースタム（泉鴻之、林雄一郎訳）『ベトナム戦争』みすず書房、改題『ベトナムの泥沼から』一九八七年
樋口直人『日本型排外主義――在特会・外国人参政権・東アジア地政学』名古屋大学出版会、二〇一四年
アドルフ・ヒトラー（平野一郎、将積茂訳）『わが闘争（上・下）』角川書店、改訂版二〇〇一年
平井正『二〇世紀の権力とメディア――ナチ・統制・プロパガンダ』雄山閣出版、一九九五年
ダニエル・J・ブーアスティン（星野郁美・後藤和彦訳）『幻影の時代――マスコミが製造する事実』東京創元社、一九七四年

ヴァルター・ベンヤミン（高木久雄、高原宏平訳）「複製技術の時代における芸術作品」『複製技術時代の芸術』晶文社、一九九九年
ジャン・ボードリヤール（塚原史訳）『湾岸戦争は起こらなかった』紀伊國屋書店、一九九一年
ジャン・ボードリヤール（竹原あき子訳）『シミュラークルとシミュレーション』法政大学出版局、二〇〇八年
スチュアート・ホール（柿沼敏江、佐復秀樹、林完枝、松畑強訳）『カルチュラル・アイデンティティの諸問題 ―― 誰がアイデンティティを必要とするのか？』大村書店、二〇〇一年
キャサリン・A・マッキノン（奥田暁子、鈴木みどり、加藤春恵子、山崎美佳子訳）『フェミニズムと表現の自由』明石書店、一九九三年
マーシャル・マクルーハン（森常治訳）『グーテンベルクの銀河系 ―― 活字人間の形成』みすず書房、一九八六年
マーシャル・マクルーハン（栗原裕、河本仲聖訳）『メディア論』みすず書房、一九八七年
本橋哲也『ポストコロニアリズム』岩波書店、二〇〇五年
山中速人『娘と映画をみて話す 民族問題ってなに？』現代企画室、二〇〇七年
吉見俊哉、小森陽一、山中速人、大澤真幸、田嶋淳子『メディア空間の変容と多文化社会』青弓社、一九九九年

吉見俊哉編『カルチュラル・スタディーズ』講談社、二〇〇〇年
吉見俊哉『メディア文化論――メディアを学ぶ人のための十五話』有斐閣、二〇〇四年
ポール・F・ラザースフェルド、E・カッツ（竹内郁郎訳）『パーソナル・インフルエンス――オピニオン・リーダーと人びとの意思決定』培風館、一九六五年
ポール・F・ラザースフェルド（時野谷浩ほか訳）『ピープルズ・チョイス――アメリカ人と大統領選挙』芦書房、一九八七年
ハロルド・D・ラスウェル「社会におけるコミュニケーションの構造と機能」シュラム編（学習院大学社会学研究室訳）『マス・コミュニケーション』東京創元社、一九六八年
ハロルド・D・ラスウェル（永井陽之助訳）『権力と人間』東京創元社、改訂版二〇〇三年
ウォルター・リップマン（掛川トミ子訳）『世論（上・下）』岩波書店、一九八七年
ウォルター・リップマン（河崎吉紀訳）『幻の公衆』柏書房、二〇〇七年

著者
山中 速人（やまなか はやと）
1953年、兵庫県生まれ。関西学院大学総合政策学部メディア情報学科教授、社会学博士。関西学院大学社会学部卒業後、同大学大学院を経て、合衆国イーストウエストセンター奨学生としてハワイ大学大学院修了。イーストウエストセンター・コミュニケーション研究所助手、文部省放送教育開発センター（現メディア教育開発センター）助教授、東京経済大学コミュニケーション学部教授、中央大学文学部教授を経て、現職。
著書に、*Japanese Communication Studies of the 1970s.* (University of Hawaii Press)、『メディア空間の変容と多文化社会』（青弓社）、『ビデオで社会学しませんか』（有斐閣）、『ハワイ』（岩波新書）、『娘と映画をみて話す 民族問題ってなに？』（現代企画室）ほか多数。

[改訂新版] 娘と話す　メディアってなに?
発行　2009年1月31日　初版第一刷
　　　2016年10月10日　改訂新版第一刷　2000部
定価　1200円+税
著者　山中速人
装丁　泉沢儒花
挿絵　岡山隆俊
発行者 北川フラム
発行所 現代企画室
150-0031　東京都渋谷区桜丘町15-8-204
TEL03-3461-5082　FAX03-3461-5083
e-mail: gendai@jca.apc.org
http://www.jca.apc.org/gendai/
印刷・製本　中央精版印刷株式会社
ISBN978-4-7738-1615-0 Y1200E

現代企画室 子どもと話すシリーズ

好評既刊

『娘と話す 非暴力ってなに?』
ジャック・セムラン著　山本淑子訳　高橋源一郎=解説
112頁　定価1000円+税

『娘と話す 国家のしくみってなに?』
レジス・ドブレ著　藤田真利子訳　小熊英二=解説
120頁　定価1000円+税

『娘と話す 宗教ってなに?』
ロジェ=ポル・ドロワ著　藤田真利子訳　中沢新一=解説
120頁　定価1000円+税

『子どもたちと話す イスラームってなに?』
タハール・ベン・ジェルーン著　藤田真利子訳　鵜飼哲=解説
144頁　定価1200円+税

『子どもたちと話す 人道援助ってなに?』
ジャッキー・マムー著　山本淑子訳　峯陽一=解説
112頁　定価1000円+税

『娘と話す アウシュヴィッツってなに?』
アネット・ヴィヴィオルカ著　山本規雄訳　四方田犬彦=解説
114頁　定価1000円+税

『娘たちと話す 左翼ってなに?』
アンリ・ウェベール著　石川布美訳　島田雅彦=解説
134頁　定価1200円+税

現代企画室 子どもと話すシリーズ

好評既刊

『子どもと話す 文学ってなに?』
蜷川 泰司著
200頁　定価1200円+税

『娘と話す 宇宙ってなに？』
池内 了著
200頁　定価1200円＋税

『子どもたちと話す 天皇ってなに？』
池田 浩士著
202頁　定価1200円＋税

『娘と話す 数学ってなに？』
ドゥニ・ゲジ著　藤田真利子訳　池上高志＝解説
148頁　定価1200円＋税

『娘と話す 原発ってなに？』
池内 了著
196頁　定価1200円＋税

『子どもと話す マッチョってなに?』
クレマンティーヌ・オータン著　山本規雄訳　内田春菊＝解説
136頁　定価1200円＋税

『娘と話す 世界の貧困と格差ってなに？』
勝俣 誠著
208頁　定価1200円＋税